Business Choice Theory Proficiency Test

2 ビジネス選択理論能力検定 準1

2級・準1級公式対策本

まえがき

　ビジネス選択理論能力検定2級・準1級は、選択理論心理学に基づき、職場における1対1のマネジメント、1対マスのマネジメント能力を身につけていただくための検定です。本検定の受検者数は、年々増加傾向にあります。ハラスメントなど、職場における人間関係の問題が取りざたされるなか、選択理論をとおして、ビジネスにおいても良好な人間関係とパフォーマンスを両立しようと考える方が、増えていることの表れだともいえるでしょう。

　本書は、ビジネス選択理論能力検定2級・準1級の合格を目指す方々の、応用的な選択理論の知識習得、マネジメントにおける選択理論の活用を支援するために制作されました。　ビジネス選択理論3級をすでに学ばれた方は、第1章「選択理論の基本的知識」を3級で習得した選択理論の基本的な知識の復習として活用ください。

　本書は、ビジネス選択理論能力検定2級・準1級公式テキストに準拠しつつ、より知識の理解を深め、習得に役立てるように構成されています。また、読む学習のみならず、問題を解くことで、さらに実力を養っていただくことを狙いとしています。なお、試験範囲はあくまでもビジネス選択理論能力検定2級・準1級公式テキストとなります。それぞれの試験の合格を目指される方は、公式テキストもあわせて学習してください。

　一人でも多くのビジネスパーソンが、ビジネス選択理論能力検定の合格に向けた学習に取り組み、その過程をとおして、良好な人間関係とパフォーマンスの両立を手にされることを願っています。

令和6年3月

一般社団法人日本ビジネス選択理論能力検定協会

一般社団法人
日本ビジネス選択理論
能力検定協会とは

　現代社会において、現在の仕事や職業生活に対して、強いストレスを感じる事柄がある労働者の割合は、82.2％という調査結果があります。（※）その内容は、「仕事の質・量」が63.4％と最も多く、次いで「仕事の失敗、責任の発生等」が35.9％、「対人関係」が26.2％となっています。

　今ビジネスパーソンには、ストレスから身を守り、上司、部下、先輩、後輩やお客様とより効果的な人間関係を築く方法を身につけ、高い生産性を発揮することが求められています。

　本協会は、選択理論心理学をビジネスに適用することで、職場におけるより良い人間関係とパフォーマンスの両立を目指して設立されました。

　選択理論心理学は、アメリカの精神科医ウイリアム・グラッサー博士が提唱した、新しい心理学です。選択理論では、人がなぜ行動をするのかという、人の行動のメカニズムを示しています。選択理論心理学をもとに、人の行動のメカニズムを理解し、実生活に活かすことで、個人のセルフ・コントロール能力の向上や、より良い人間関係を構築する能力が高まります。

（※）令和4年「労働安全衛生調査（実態調査）」の概況
https://www.mhlw.go.jp/toukei/list/dl/r04-46-50_kekka-gaiyo02.pdf

ビジネス選択理論能力検定

概 要

ビジネス選択理論能力検定は、3級、2級、準1級、1級と4つのレベルで構成されています。
それぞれの学習目的と学習内容は、下記のとおりです。

	3 級	2 級	準 1 級	1 級
主要な対象者	若手社会人〜就職活動生	係長〜主任クラスまた、これを目指す人	部長〜課長クラスまた、これを目指す人	経営者また、これを目指す人
学習目的	選択理論に基づく自己のマネジメントができる	1対1のマネジメントができる	1対マスのマネジメントができる	選択理論に基づく組織の仕組みづくりができる
学習内容	選択理論の基礎的な知識と、職場における応用	選択理論の十分な知識と、マネジメントの基礎的な知識	選択理論の深い理解と、マネジメントの技術	選択理論の深い理解と、組織をマネジメントする技術

本書が対象としている、ビジネス選択理論能力検定2級・準1級は、「マネジメントができる」という点に焦点をあて、職場におけるより良い人間関係とパフォーマンスの両立を目指します。
2級の学習目的は、「1対1のマネジメントができる」とし、「選択理論の十分な知識と、マネジメントの基礎的な知識」を学びます。
準1級の学習目的は、「1対マスのマネジメントができる」とし、「選択理論の深い理解と、マネジメントの技術」を学びます。

2級・準1級 試験
概 要

2 級 試験

■ **出題範囲** ビジネス選択理論能力検定 2級・準1級公式テキストのすべて

■ **出題方法** 大問4~5題（記述式問題、多肢選択問題など）

■ **試験時間** 100分間

■ **合格基準** 満点の70%以上

■ **合格者に求められるレベル**

- 困難な状況においても、選択理論に基づき自らのモチベーション管理やストレス管理ができる

- 特に1対1の状況において、選択理論に基づいたコミュニケーション、フィードバックなどを行いながら、人間関係を犠牲にすることなく業務におけるパフォーマンスを発揮することができる

準 1 級 試験

■ **出題範囲** ビジネス選択理論能力検定 2級・準1級公式テキストのすべて

■ **試験方式** 一次試験：記述式問題

　　　　　　　・第 1 部　60分（知識・基礎問題）

　　　　　　　・第 2 部　60分（応用問題）

　　　　　　合格基準：満点の70%以上

　　　　　二次試験：ロールプレイ

　　　　　　　・試験時間　15分程度

　　　　　　合格基準：ロールプレイ審査基準項目　70％以上

■ **合格者に求められるレベル**

- 1対1のマネジメントにおいて、困難な状況においても、選択理論に基づいたコミュニケーションやフィードバックを行い、人間関係を犠牲にすることなく交渉を行うことができる

- 1対マスの状況において、選択理論に基づいたマネジメントを行い、人間関係を良好に維持しながら、組織のパフォーマンスを発揮することができる

- ビジネス領域における選択理論の実践と選択理論の基礎知識を結び付けて理解しており、他者に対して説明をすることができる

Contents

第**3**章 リードマネジメント

理論編

参考 **準1級 二次試験について**

本書の使い方

本書は、理論編・演習編・解説編で
構成されています。

理論編

知識を確認し、理解をするためのページです。付属の赤シートを活用し、各単元の正確な
知識を身につけてください。また、ビジネス選択理論能力検定2級・準1級公式テキストの
該当範囲もあわせて読み、理解を進めてください。

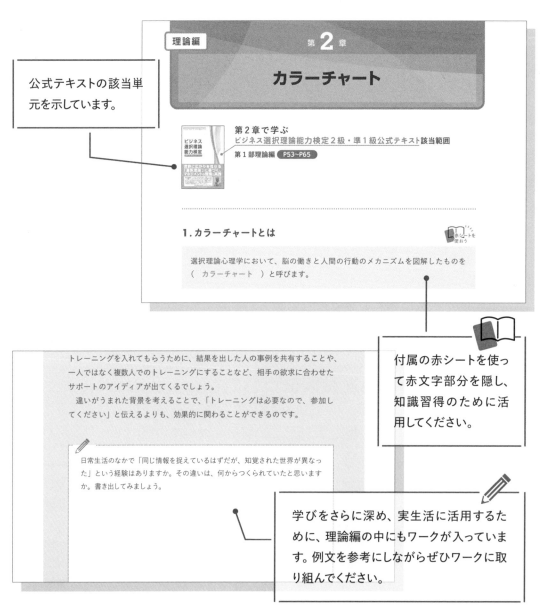

公式テキストの該当単元を示しています。

理論編　第2章　カラーチャート

第2章で学ぶ
ビジネス選択理論能力検定2級・準1級公式テキスト該当範囲
第1部理論編　P53~P65

1. カラーチャートとは

選択理論心理学において、脳の働きと人間の行動のメカニズムを図解したものを
（　カラーチャート　）と呼びます。

付属の赤シートを使って赤文字部分を隠し、知識習得のために活用してください。

トレーニングを入れてもらうために、結果を出した人の事例を共有することや、
一人ではなく複数人でのトレーニングにすることなど、相手の欲求に合わせた
サポートのアイディアが出てくるでしょう。
　違いがうまれた背景を考えることで、「トレーニングは必要なので、参加し
てください」と伝えるよりも、効果的に関わることができるのです。

日常生活のなかで「同じ情報を捉えているはずだが、知覚された世界が異なっ
た」という経験はありますか。その違いは、何からつくられていたと思います
か。書き出してみましょう。

学びをさらに深め、実生活に活用するために、理論編の中にもワークが入っています。例文を参考にしながらぜひワークに取り組んでください。

演習編 基本問題

正誤問題、穴埋め問題、単語記述問題などの演習（基本問題）に取り組むページです。基本問題をとおして、理論編で学んだ基礎知識を、どれくらい身につけることができているかを確認することができます。基本問題はすべて正解できるようになるまで繰り返し解きなおし、選択理論の知識習得に活かしてください。

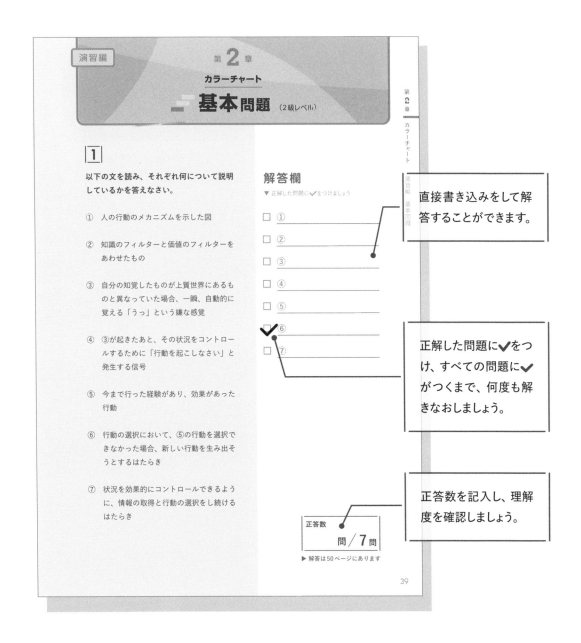

演習編　応用問題・発展問題

記述式を中心とした、2級・準1級レベル相当の演習に取り組むページです。応用問題は2級レベル相当の問題、発展問題は準1級レベル相当の問題となっています。選択理論の学びをどのようにマネジメントに活かしているのかを自分の言葉で文章にすることで、学びをさらに整理することができます。また、実際に検定で出題される記述式問題の対策としても活用してください。

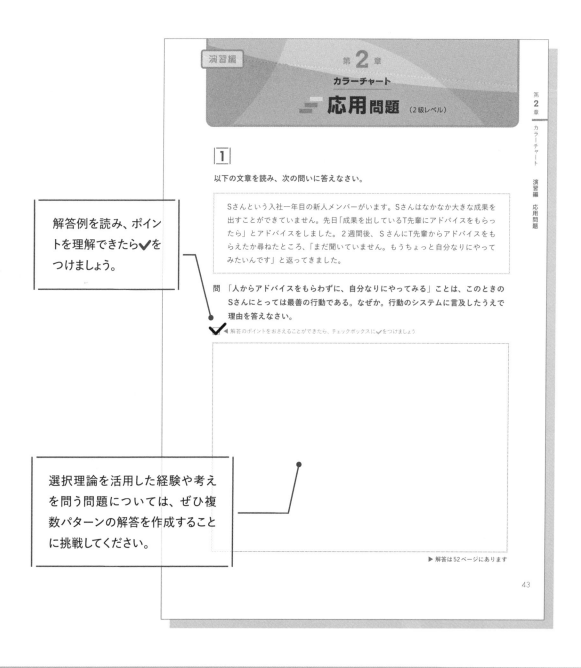

解答例を読み、ポイントを理解できたら✔をつけましょう。

選択理論を活用した経験や考えを問う問題については、ぜひ複数パターンの解答を作成することに挑戦してください。

（画像内のテキスト）

演習編

第2章
カラーチャート
応用問題（2級レベル）

第2章 カラーチャート 演習編 応用問題

1

以下の文章を読み、次の問いに答えなさい。

Sさんという入社一年目の新人メンバーがいます。Sさんはなかなか大きな成果を出すことができていません。先日「成果を出しているT先輩にアドバイスをもらったら」とアドバイスをしました。2週間後、SさんにT先輩からアドバイスをもらえたか尋ねたところ、「まだ聞いていません。もうちょっと自分なりにやってみたいんです」と返ってきました。

問　「人からアドバイスをもらわずに、自分なりにやってみる」ことは、このときのSさんにとっては最善の行動である。なぜか。行動のシステムに言及したうえで理由を答えなさい。

✔ 解答のポイントをおさえることができたら、チェックボックスに✔をつけましょう

▶ 解答は52ページにあります

43

解説編

基本問題・応用問題・発展問題の解答と解説を記載しています。特に応用問題・発展問題のうち、解説がある問題は、解答例のみならず解説をよくお読みください。解説では「問題で問われていたこと」や「解答のポイント」について記載しています。解説をお読みいただくことで、選択理論のどの知識が足りていなかったのか、自分の苦手なポイントを確認できます。苦手分野を確認したうえで、再度、該当単元に取り組んでください。

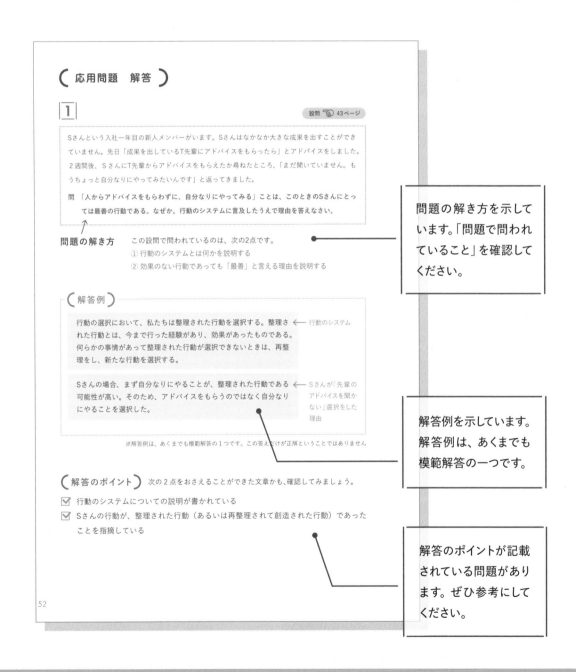

応用問題 解答

1

設問 43ページ

Sさんという入社一年目の新人メンバーがいます。Sさんはなかなか大きな成果を出すことができていません。先日「成果を出しているT先輩にアドバイスをもらったら」とアドバイスをしました。2週間後、SさんにT先輩からアドバイスをもらえたか尋ねたところ、「まだ聞いていません。もうちょっと自分なりにやってみたいんです」と返ってきました。

問 「人からアドバイスをもらわずに、自分なりにやってみる」ことは、このときのSさんにとっては最善の行動である。なぜか。行動のシステムに言及したうえで理由を答えなさい。

問題の解き方 この設問で問われているのは、次の2点です。
① 行動のシステムとは何かを説明する
② 効果のない行動であっても「最善」と言える理由を説明する

> 問題の解き方を示しています。「問題で問われていること」を確認してください。

解答例

行動の選択において、私たちは整理された行動を選択する。整理された行動とは、今まで行った経験があり、効果があったものである。← 行動のシステム
何らかの事情があって整理された行動が選択できないときは、再整理をし、新たな行動を選択する。

Sさんの場合、まず自分なりにやることが、整理された行動である可能性が高い。そのため、アドバイスをもらうのではなく自分なりにやることを選択した。← Sさんが「先輩のアドバイスを聞かない」選択をした理由

※解答例は、あくまでも模範解答の1つです。この答えだけが正解ということではありません

> 解答例を示しています。解答例は、あくまでも模範解答の一つです。

解答のポイント 次の2点をおさえることができた文章かも、確認してみましょう。

☑ 行動のシステムについての説明が書かれている
☑ Sさんの行動が、整理された行動（あるいは再整理されて創造された行動）であったことを指摘している

> 解答のポイントが記載されている問題があります。ぜひ参考にしてください。

52

選択理論の基本的知識

第1章で学ぶ
ビジネス選択理論能力検定2級・準1級公式テキスト該当範囲
第1部理論編　P14〜P52

---

1. 選択理論とは

赤シートを使おう

選択理論心理学は、アメリカの（　ウイリアム・グラッサー　）博士が（　1996　）年に提唱した心理学です。当初は、（　コントロール　）理論と呼ばれていました。

ウイリアム・グラッサー博士
(1925-2013)

グラッサー博士は、精神科医として『リアリティ・セラピー』というカウンセリング手法を確立しました。これを理論的に発展させ、整理したものが（　選択理論心理学　）です。

選択理論では（　カラーチャート　）と呼ばれる図によって、人の行動のメカニズムを示しています。この図では、私たちが外部からの（　情報　）をどのように処理し、（　行動　）を選択しているのかが示されています。

☐ 薬を使わない精神科医

　グラッサー博士は、薬を使わない精神科医として有名でした。薬物療法を中心とした精神科の在り方は間違いだと指摘しています。人間の幸福には人間関係が深く関与しているので、その回復には他人との関わり方を探り、特に親しい人間関係を改善する方法を見つけることが必要であると主張しました。

　自らの臨床経験をもとに1965年に発刊された「Reality Therapy」は累計100万部のベストセラーになりました。さらに人間の行動のメカニズムを理論化・体系化し、1998年に「Choice Theory；A New Psychology of Personal Freedom」を刊行しました。

選択理論は、主に4つの分野で応用されています。

1. カウンセリング領域

選択理論をもとにしたカウンセリングを（　リアリティ・セラピー　）と呼びます。

2. 学校領域

選択理論をもとにした学校を（　クオリティ・スクール　）と呼びます。クオリティ・スクールには認定のための一定の基準があり、クオリティ・スクールを目指す取り組みを行う学校は、全米で250校を超えると言われています。

3. マネジメント領域

選択理論をもとにしたマネジメントを（　リードマネジメント　）と呼びます。

4. 生活領域

選択理論は、個人のより良い生活（　パーソナル・ウェルビーイング　）にも効果があると言われています。

☐ カウンセリングの臨床現場からうまれた実践的な理論

選択理論は、リアリティ・セラピーというカウンセリングからうまれました。そのため、証明の難しい、仮説にとどまる内容も含まれています。

一方、リアリティ・セラピーは非常に実践的で効果のあるカウンセリング手法として評価されています。2008年にロサンゼルスの女性刑務所に導入された受刑者更生プログラムでは、5年間の追跡調査の結果、カリフォルニア州の女性受刑者の平均再犯率67%に対して、選択理論を学んだ受刑者の再犯率は2.9%となりました。

☐ クオリティ・スクール（Glasser Quality School）の認定基準

1. 2年以内に突発的な問題は別として、生徒指導上の規律違反の問題がほとんどなくなっている。
2. アチーブメントテストで今までの成績を上回る成績を修めている。
3. 悪い成績はなくなっている。コンピテンスを全生徒が身につけている。
4. どの分野であってもよいが「上質」と呼ばれるレベルの取り組みを生徒全員がしている。
5. 教師、生徒、保護者は選択理論を学んで生活に活かしている。
6. 喜びに満ちた学校環境ができている。

2. 外的コントロールと内的コントロール

赤シートを使おう

☐ 外的コントロールとは

外的コントロールとは、人間の行動は外部からの（ 刺激 ）に（ 反応 ）することで起こるという考え方です。
私たちは外的コントロールを先に身につけてしまうとグラッサー博士は述べています。

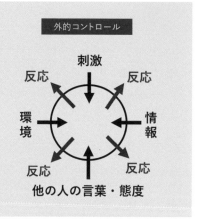

☐ 内的コントロールとは

あらゆる現象や状況は（ 情報 ）に過ぎず、私たちは（ 情報 ）をもとに、そのときの自分にとって（ 最善 ）と思われる行動を、（ 内発的 ）に（ 選択 ）しているという考え方です。

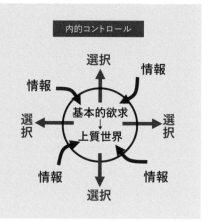

☐ 外的コントロールを使う理由

人が外的コントロールを使う理由として、以下の5つが挙げられます。

① 使う側にとって（ 楽 ）だから

② （短期的にではあるが）（ 効果 ）があるから

③ すぐに（ 結果 ）が欲しいから

④ 自分の（ やり方 ）を変えたくないから

⑤ 他の（ やり方 ）を知らないから

　私たちは、どのような行動であっても、自分の欲求を満たすために「そのときの」自分にとって最善の行動を選択しています。たとえばマネジメントの現場で外的コントロールが使われる場合、多くは立場や権威が上の人が、下の人に対して使います。外的コントロールを使うことがその時点のその人にとって最も欲求を満たすものであり、最善の行動なのです。

　しかし、より効果的な行動があるという情報を手にすれば、そのあとから行動の選択は変わるかもしれません。あくまでも「そのときの」最善の行動のため、最善の選択肢は移り変わっていくのです。

□ 外的コントロールの信条

　グラッサー博士は、外的コントロールについて、以下の3つの信条にまとめています。

　　第一の信条：私は外側から来る簡単な（　シグナル　）に（　反応　）して、電話が鳴ると受話器を取る、玄関のベルが鳴るとドアを開ける、赤信号で止まる、その他の諸々のことを行う。

　第一の信条は、私たちの行動の選択について述べています。「私の行動は何かのせいである」という考え方が、外的コントロールの第一の信条にあたります。

　　第二の信条：私は、人がしたくないことでも、自分が（　させたい　）と思うことをその人にさせることができる。そして他の人も、私が考え、行為し、感じることを（　コントロール　）できる。

　第二の信条からは、（　対人関係　）の観点が入ります。「私の行動は誰かのせいである」という考え方や、「私は他者の行動を変えることができる」という考え方です。
　第二の信条に生きる人は、自分の言動の責任を、他者になすりつける傾向があります。また、受け身の人でも外的コントロールを使うことがあります。

　　第三の信条：私の言うとおりのことをしない人をばかにし、（　脅し　）、（　罰　）を与える、あるいは、言うことを聞く人に（　褒美　）を与えることは、（　正しい　）ことであり、私の道義的な（　責任　）である。

　第三の信条は、コミュニケーションにおいてより（　積極的　）に外的コントロールを使うべきだという考え方です。
　正義感や結果に対する強い意欲や責任感があるが、効果的なコミュニケーション方法を知らない人や、相手を批判することで欲求充足する人が使ってしまう傾向があります。
　グラッサー博士は「最も有害であり、ほとんどの人間関係を破壊する」と述べています。

3.5つの基本的欲求

 赤シートを
使おう

選択理論では、人は（　5つの基本的欲求　）を満たすために行動を選択していると考えます。5つの基本的欲求は、誰もが持っており、（　遺伝子　）に組み込まれているとグラッサー博士は述べています。
一人ひとりの欲求（　バランス　）は人によって違います。そして、同じ欲求でも人によって（　満たし方　）は異なります。さらに、同じ人でも、経験や価値観の変化などによって、満たし方は変わっていきます。

5つの基本的欲求

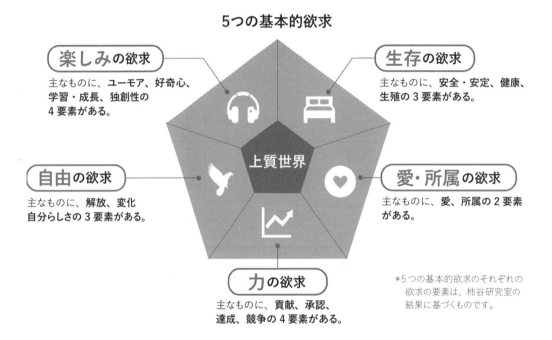

楽しみの欲求
主なものに、**ユーモア、好奇心、学習・成長、独創性**の4要素がある。

生存の欲求
主なものに、**安全・安定、健康、生殖**の3要素がある。

自由の欲求
主なものに、**解放、変化自分らしさ**の3要素がある。

上質世界

愛・所属の欲求
主なものに、**愛、所属**の2要素がある。

力の欲求
主なものに、**貢献、承認、達成、競争**の4要素がある。

*5つの基本的欲求のそれぞれの欲求の要素は、柿谷研究室の結果に基づくものです。

☐「5つの基本的欲求」の主題

5つの基本的欲求が遺伝子に刻まれているということは、選択理論の唱えている（　仮説　）にすぎません。ここで重要なことは、「欲求にはどのような種類があるか」といった議論ではなく、「人はそれぞれ違った欲求を持ち、それを満たすために行動している。そして、他者の欲求は変えることができない」ということです。グラッサー博士も、著書の中で以下のように述べています。

「主題は、人を駆り立てる基本的欲求とは何かを証明することではない。人生をうまくコントロールするために、わたしたちは自分にとって基本的であると信じていることを満足させ、ほかの人が彼らにとって基本的なことを成就するのを尊重し、彼らを挫折させないようにすることを学ばねばならない。」
（『人生はセルフ・コントロール』1985・サイマル出版 p.22-23）

☐ 選択理論における責任の概念

　グラッサー博士は、選択理論における（　責任　）の概念とは、「他人の欲求充足を（　妨げず　）に、自分の欲求を充足をすること」だと述べています。

4. 上質世界

> 上質世界とは、5つの基本的欲求の1つ以上を強く満たす（　イメージ写真　）が貼り付けられている（　記憶　）の世界です。
> 私たちは、（　上質世界　）にあるイメージ写真を手に入れることで、（　基本的欲求　）を満たそうと行動します。

☐ 上質世界の３つの要素

　グラッサー博士は、上質世界の要素として以下の３つを定義しています。

> ・（　共にいたい　）と思う人
> ・最も（　所有　）したい、（　経験　）したいと思う（　物　）
> ・（　行動　）の多くを支配している（　考え　）、（　信条　）

☐ 上質世界の特徴

　上質世界の特徴をまとめると以下の４つになります。

> ①　私たちは上質世界から（　物事を判断　）し、自分に都合の良いように現実を（　定義　）する。
> ②　私たちは上質世界にあるものには強い（　関心　）を持つが、上質世界にあまり関係のないものに対しては（　関心　）を払わない。
> ③　私たちの上質世界に入るものは（　自分にとって良いもの　）だが、すべてが（　健全　）なものとは限らない。
> ④　私たちの上質世界は（　固定　）されたものではなく、つねに（　変化　）していく。

　上質世界は、生まれたときから形成がはじまります。さまざまな経験をとおして上質世界に貼られるイメージ写真は追加されたり、貼り替えられたりします。

　そして、その人にとって欲求を満たすものであれば、破壊的なものや反社会的なものであっても上質世界に入る可能性があります。また、一度上質世界に貼られたイメージ写真を剥がそうとすることには、（　苦痛感情　）を伴います。

ビジネスにおいて、仕事を上質世界に入れている人は高いパフォーマンスを発揮します。ですから、「部下の上質世界に仕事を入れてもらうこと」は重要です。しかし、部下の上質世界を上司が直接コントロールすることはできません。情報や機会を提供することや、仕事をとおした欲求充足の支援を行うことが、結果的に部下の上質世界に仕事が入るきっかけとなるのです。

5. 全行動

選択理論では、行動を（ 行為 ）（ 思考 ）（ 感情 ）（ 生理反応 ）の4つの要素に分けて（ 全行動 ）と言い換えています。

これらの4つの要素は、<u>つねに行動全体を構成しており、切り離せない関係にあり</u>ます。

グラッサー博士は4つの要素のうち<u>どれか一つが目立って見られることが多い</u>と述べています。

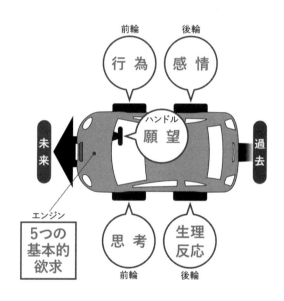

なお、行為と思考は（ 直接 ）コントロールすることができます。そして、感情と生理反応は、行為と思考をコントロールすることで（ 間接的 ）にコントロールすることができると考えます。

□ 人は不快感情もすべて選択している

グラッサー博士は、人が抱く落ち込みなどの不快感情について、「『私は落ち込んでいる』ではなく、『落ち込みを（ 選択 ）している』と考えるべきだ」と述べています。感情を直接コントロールすることは難しいですが、間接的にコントロールすることはできるためです。

□ 落ち込みを選択する理由

グラッサー博士によると、人が落ち込みを選択する理由は以下の３つです。

① （　怒りを抑える　）ため
② （　援助をもらいたい　）ため
③ （　逃避する　）ため

6. 創造性

創造性とは（　全行動　）の結果によって求めているものが得られないとき、自分にとって（　最善　）と思われる（　新しい　）行動を生み出す脳の働きです。

　選択理論では、「私たちは創造性によって、つねに自分がそのとき最善と考える行動をとることができる」と考えます。

　しかし、ときに創造性はマイナスに働き、自己破壊的な行動を創造することもあります。

□ 創造性を効果的に発揮するために

① （　上質世界（　願望　）　）を明確にする
② 常に（　情報　）を得る

　何をしたいかが明確になれば、その手段を探すために創造システムが働きはじめます。ですから、部下が創造性を発揮する支援をするためには、部下自身の上質世界を確認していくことが大切です。

　また、創造性は、脳に蓄積された情報のなかからしか発揮されません。情報を蓄積することでより効果的な行動を生み出せるようになります。過去の事例や理想とする仕事の基準など、上司が部下に適切な情報を提供することは、部下の創造性の発揮に大きく関わるのです。

☐ 落ち込んだときの対処法

落ち込みを選択したときの対処法は 3 つあると考えられています。

赤シートを
使おう

---

① （ 見方 ）を変える

② 自分の （ 求めているもの ）を変える

③ 自分の （ していること ）を変える

さらなる学びと
実践へのヒント

長期的に良い結果を
つくり続けるためには

　人は 5 つの基本的欲求を満たすために行動しています。たとえば上司から外的コントロールを受けた人は、自らの欲求が阻害され、「これ以上怒られたくない、嫌な思いをしたくない」といった動機で行動を起こします。そのため、一時的には上司にとって良い結果をもたらすことがあります。しかし、たいていの場合、一定の期間やり過ごしてしまえば部下の欲求が満たされてしまうため、モチベーションが下がってしまい、成果はもとどおりになります。

　長期的に結果を出すために大切なことは、成果を出すことで欲求を満たし、その人自身が「仕事」そのものを上質世界に入れることなのです。

　他人を変えることはできません。ですから、上司がすべきことは、相手を変えようと批判したり、頭ごなしに否定して短期的な結果を得ようとしたりすることではありません。穏やかに相手の気持ちや状況を聞きながら、見方や求めるもの、していることを変える手助けをすることなのです。

基本問題 （2級レベル）

1

人が外的コントロールを使う理由について、以下の空欄（①）〜（⑤）にあてはまる言葉を答えなさい。

1. 使う側にとって（　①　）だから
2. （短期的にではあるが）（　②　）から
3. すぐに（　③　）が欲しいから
4. （　④　）を変えたくないから
5. （　⑤　）を知らないから

2

上質世界の特徴について、以下の空欄（①）〜（⑦）にあてはまる言葉を答えなさい。

1. 私たちは上質世界から物事を（　①　）し、自分に都合の良いように（　②　）を定義する。
2. 私たちは上質世界にあるものには（　③　）を持つが、上質世界にあまり関係のないものに対しては関心を払わない。
3. 私たちの上質世界に入るものは（　④　）にとって良いものだが、すべてが（　⑤　）なものとは限らない。
4. 私たちの上質世界は（　⑥　）されたものではなく、つねに（　⑦　）していく。

解答欄

▼ 正解した問題に✔をつけましょう

□　①＿＿＿＿＿＿＿＿＿＿＿＿＿＿

□　②＿＿＿＿＿＿＿＿＿＿＿＿＿＿

□　③＿＿＿＿＿＿＿＿＿＿＿＿＿＿

□　④＿＿＿＿＿＿＿＿＿＿＿＿＿＿

□　⑤＿＿＿＿＿＿＿＿＿＿＿＿＿＿

□　①＿＿＿＿＿＿＿＿＿＿＿＿＿＿

□　②＿＿＿＿＿＿＿＿＿＿＿＿＿＿

□　③＿＿＿＿＿＿＿＿＿＿＿＿＿＿

□　④＿＿＿＿＿＿＿＿＿＿＿＿＿＿

□　⑤＿＿＿＿＿＿＿＿＿＿＿＿＿＿

□　⑥＿＿＿＿＿＿＿＿＿＿＿＿＿＿

□　⑦＿＿＿＿＿＿＿＿＿＿＿＿＿＿

正答数

問／**12**問

▶ 解答は25ページにあります

3

外的コントロールの信条について、以下の空欄（①）～（⑪）にあてはまる言葉を答えなさい。

第一の信条： 私は外側から来る簡単な（　①　）に（　②　）して、電話が鳴ると受話器を取る、玄関のベルが鳴るとドアを開ける、赤信号で止まる、その他の諸々のことを行う。

第二の信条： 私は、人がしたくないことでも、自分が（　③　）と思うことをその人にさせることができる。そして他の人も、私が考え、行為し、感じることを（　④　）できる。

第三の信条： 私の言うとおりのことをしない人をばかにし、（　⑤　）、（　⑥　）を与える、あるいは、言うことを聞く人に（　⑦　）を与えることは、（　⑧　）ことであり、私の道義的な（　⑨　）である。

第一の信条から第三の信条にかけて、より外的コントロールへの（　⑩　）性が増していく。そして、第二の信条からは（　⑪　）の観点が含まれる。

解答欄

▼ 正解した問題に✔をつけましょう

- □ ①＿＿＿＿＿＿＿＿
- □ ②＿＿＿＿＿＿＿＿
- □ ③＿＿＿＿＿＿＿＿
- □ ④＿＿＿＿＿＿＿＿
- □ ⑤＿＿＿＿＿＿＿＿
- □ ⑥＿＿＿＿＿＿＿＿
- □ ⑦＿＿＿＿＿＿＿＿
- □ ⑧＿＿＿＿＿＿＿＿
- □ ⑨＿＿＿＿＿＿＿＿
- □ ⑩＿＿＿＿＿＿＿＿
- □ ⑪＿＿＿＿＿＿＿＿

正答数

問／11問

▶ 解答は25ページにあります

第 1 章

選択理論の基本的知識

応用問題 （2級レベル）

部下が仕事を上質世界に入れるために、あなたが工夫できることは何か。具体例を2つ以上挙げ、理由とともに答えなさい。

☐ ◀ 解答のポイントをおさえることができたら、チェックボックスに✔をつけましょう

▶ 解答は26ページにあります

発展問題 （準1級レベル）

**以下の文章を読み、正しいものには〇、
そうでないものには×をつけなさい。**

① 私たちは、遺伝子に組み込まれた5つの
基本的欲求によって駆り立てられている。
自分の欲求を自分で満たすことは私たち
一人ひとりの義務である。

② 5つの基本的欲求が遺伝子に刻まれてい
るというのは、仮説にすぎない。グラッ
サーは「主題は、欲求とは何かを証明す
ることではない。（中略）自分にとって基
本的であると信じていることを満足させ、
ほかの人が彼らにとって基本的なことを
成就するのを尊重し、彼らを挫折させな
いようにすることを学ばねばならない」
と述べた。

③ 部下が失敗の報告をしたことは情報に過
ぎない。さらに、部下の失敗の報告に対
して上司が怒ったとする。これは、上司
にとっては上質世界を満たすための選択
であり、最善の行動である。

④ 外的コントロールは、「私の行動は私以
外の何か／誰かのせいである」「私は他
者の行動を変えることができる」という
考え方である。人が外的コントロールを
使う理由は、「すぐに結果が欲しいから」
や「長期的に効果があるから」というこ
とが挙げられる。

解答欄

▼ 正解した問題に ✔ をつけましょう

☐ ①　＿＿＿＿＿＿＿＿＿＿

☐ ②　＿＿＿＿＿＿＿＿＿＿

☐ ③　＿＿＿＿＿＿＿＿＿＿

☐ ④　＿＿＿＿＿＿＿＿＿＿

正答数

問 ／ **4** 問

▶ 解答は27ページにあります

基本問題　解答

1
① 楽　　　　　　　　　👉 14ページ参照
② 効果がある
③ 結果
④ 自分のやり方
⑤ 他のやり方

2
① 判断　　　　　　　　👉 17ページ参照
② 現実
③ 強い関心
④ 自分
⑤ 健全
⑥ 固定
⑦ 変化

3
① シグナル　　　　　　👉 15ページ参照
② 反応
③ させたい
④ コントロール
⑤ 脅し
⑥ 罰
⑦ 褒美
⑧ 正しい
⑨ 責任
⑩ 積極
⑪ 対人関係

応用問題　解答

設問 👉 23ページ

> 部下が仕事を上質世界に入れるために、あなたが工夫できることは何か。具体例を2つ以上挙げ、理由とともに答えなさい。

問題の解き方　　この設問で問われているのは、次の2点です。

① 仕事を上質世界に入れてもらうために、工夫できることを2つ以上挙げる

② 具体例で挙げたことが、なぜ部下の上質世界に仕事が入ることにつながるのかを説明する

解答例

・部下の取り組みの良いところを探し、毎日承認のメッセージをおくる

理由：承認のメッセージをおくることで、部下の力の欲求を満たすことができれば、仕事を上質世界に入れてもらえる可能性があるから。

・定期的に部内での交流会を企画する

理由：交流会のなかでメンバー同士の関係が深まり、部下の愛・所属の欲求を満たすことができれば、職場や仕事を上質世界に入れてもらえる可能性があるから。

※解答例は、あくまでも模範解答の1つです。この答えだけが正解ということではありません。

解説

たとえば、「部下に目標を達成させる。成功体験を積むことで仕事が面白くなるから」といった記述では、仕事が上質世界に入る理由を説明しきれてはいません。

上質世界とは、「5つの基本的欲求の1つ以上を強く満たすイメージ写真が貼り付けられている記憶の世界」です。ですから、部下の欲求のいずれかを満たす支援ができれば、部下の上質世界に仕事が入る可能性があります。

解答のポイント　次の3点をおさえることができた文章かも、確認してみましょう。

☑ 具体的な行動が書かれている

☑ その行動が、部下のどの欲求を満たすか書かれている

☑ 欲求を満たすことによって、仕事が上質世界に入る可能性があることが書かれている

発展問題　解答

① ✕　　　　　　　　　　　　　　　　　　　　　17ページ参照

選択理論では自分の欲求は自分で満たすことが責任だと
考えています。

② ◯　　　　　　　　　　　　　　　　　　　　　16ページ参照

文章のとおりです。

③ ✕　　　　　　　　　　　　　　　　　　　　　14ページ参照

人は、自らの基本的欲求を満たすためにそのときの最善
の行動を選択しています。

④ ✕　　　　　　　　　　　　　　　　　　　　　14ページ参照

選択理論によると、人が外的コントロールを使う理由は
次の5つです。
①使う側にとって楽だから
②（短期的ではあるが）効果があるから
③すぐに結果が欲しいから
④自分のやり方を変えたくないから
⑤他のやり方を知らないから

第 **2** 章

カラーチャート

第2章で学ぶ
ビジネス選択理論能力検定2級・準1級公式テキスト 該当範囲

第1部理論編 **P53～P65**

---

1. カラーチャートとは

選択理論心理学において、脳の働きと人間の行動のメカニズムを図解したものを
（　**カラーチャート**　）と呼びます。

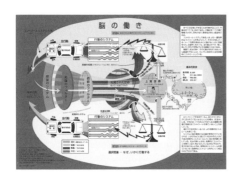

カラーチャートでは、情報が脳にどのように取り込まれ、どのように人が行動を選択するのかを示しています。

本書の付録にカラーチャートが掲載されています。カラーチャートを切り取り、横に置きながら学習をすすめてください。

2. カラーチャートの見方

カラーチャートは、大きく上下2つの状況に分かれています。図の上半分、現時点で効果的にコントロール（　**されていない**　）状況を（　**状況A**　）と呼びます。また、図の下半分、現時点で効果的にコントロール（　**されている**　）状況を（　**状況B**　）と呼びます。人は、状況Aを状況Bに移行させるために、（　**最善**　）の行動を選択しているのです。

※なお、カラーチャートにおいては、一つの図の中で2つの状況が描かれています。
　状況Aと状況Bが同時に起こるわけではありません。

カラーチャートにおいて、情報は（　4　）つの色で分類されています。

青色は、現実、実際存在している情報
黄色は、快感／（　肯定的価値　）の情報
赤色は、苦痛／（　否定的価値　）の情報
緑色は、中立／（　中立的価値　）の情報を表している

3. 知覚のシステム

カラーチャートにおいて、現実世界から情報を取得するシステムを（　① 知覚の
システム　）と呼ぶ。
このシステムでは、現実世界から（　② 感覚のシステム　）によって取得された
情報が、（　③ 知識のフィルター　）、次に（　④ 価値のフィルター　）をとおっ
て（　⑤ 知覚された世界　）をつくる。

情報処理の仕組み：知覚のシステム

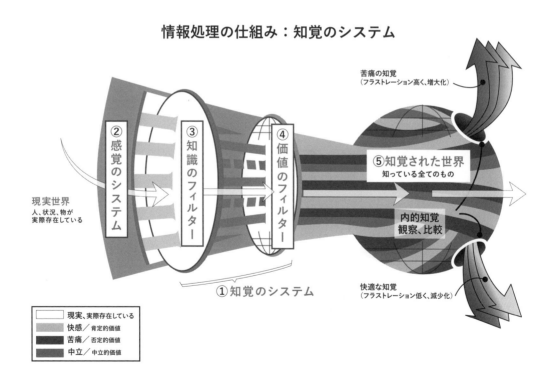

☐ 感覚のシステム

知覚のシステムでは、初めに現実世界の情報を（　五感　）によって捉えます。これを（　感覚のシステム　）と呼びます。

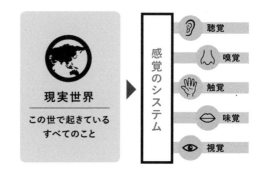

五感とは、視覚・聴覚・嗅覚・味覚・触覚です。五感は本人の身体的特徴によって個体差があります。たとえば、視力の場合、10メートル先の看板に書かれた文字が見える人もいれば、ぼやけて見えない人もいます。

現実世界には大量の情報があります。私たちはそれらすべてを認識しているわけではありません。同じ現実世界が目の前にあったとしても、人によって取得できる情報は違います。

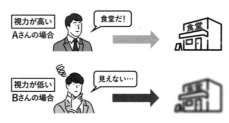

**同じ感覚のシステム（視覚）を持っていても、
人によってその能力に差があるため、**
取得できる情報は異なる

☐ 知識のフィルター

感覚のシステムを通過した情報は（　知識のフィルター　）をとおります。知識のフィルターには、（　知っているすべてのもの　）が含まれています。

知識のフィルターをとおった情報は、以下の３つに分類されます。

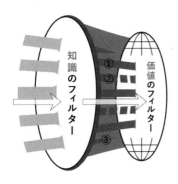

① 知覚したものが（　何であるか分かり　）
　 自分にとって（　何らかの意味のある　）もの

② 知覚したものが（　何か分からないが　）
　 自分にとって（　何らかの意味があると信じる　）もの

③ 情報が何であるか（　知覚しようとしまいと　）
　 自分にとって（　意味のない　）もの

知識のフィルターをとおると、「感覚」は（ 知覚 ）に変化します。意味があると判断された①、②の情報は次のフィルターに届きますが、意味がないと判断された③の情報は次のフィルターに届かず、認識から（ 脱落 ）していきます。
知識のフィルターには「（ 肯定的 ）価値」も「（ 否定的 ）価値」も存在しません。

たとえば、駅で友人と待ち合わせをしたとします。駅について、待ち合わせ場所を見渡すと、五感をとおしてたくさんの情報を捉えます。

周囲の人の話し声や空気のにおい、温度、視界の端にうつる景色など、多くの情報は自分にとって意味のない情報です。知識のフィルターを通過しても、価値のフィルターまで到達しません。

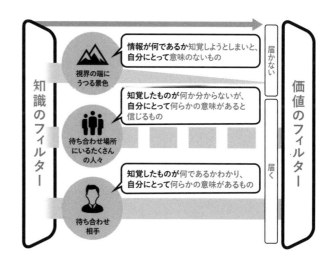

しかし、待ち合わせ場所にいる人々など、何らかの意味があると信じる情報は、価値のフィルターに到達します。

☐ 価値のフィルター

知識のフィルターで、何らかの意味があると判断された情報は、次に（ 価値のフィルター ）をとおります。価値のフィルターには（ 上質世界 ）にあるものすべてが含まれています。

価値のフィルターをとおった情報は、自分の（ 欲している ）ものと比較して、以下の３つに区分されます。

① 欲しているものと比較して、良いものには（ 肯定 ）的価値をつける

② 欲しているものと比較して、良くないものには（ 否定 ）的価値をつける

③ どちらでもないものには（ 中立 ）的価値をつける

たとえば、友人が高級ブランドのカバンを持っていたとします。

あなたがそのブランドを好きであれば、友人が持っている高級ブランドのカバンという情報に、肯定的価値をつけます。

コストパフォーマンスの良いカバンが上質世界に入っていれば、高級ブランドのカバンに対して否定的価値をつけるかもしれません。

あるいは、カバンに対するこだわりが何もなければ、中立的価値をつけるかもしれません。

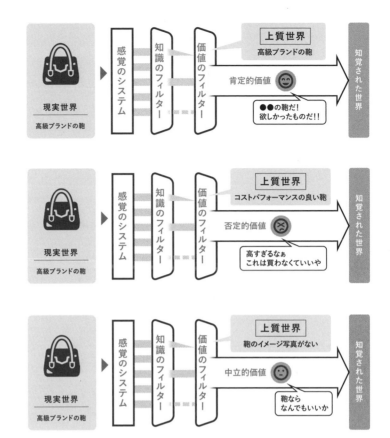

☐ 知覚のシステム　まとめ

赤シートを
使おう

（　知識のフィルター　）と（　価値のフィルター　）をあわせて（　知覚のシステム　）と呼びます。
私たちは、現実世界にある情報のなかから、感覚のシステムで感じられるものを脳に取り込み、知覚のシステムをとおして情報の（　選別　）と（　価値づけ　）を行います。

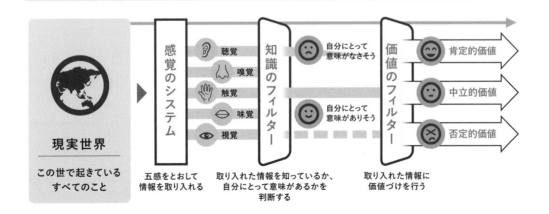

☐ 知覚された世界

> 知覚のシステムを通過し、私たちが知覚したものをすべて含む世界を（　知覚された世界　）と呼びます。

　現実世界にある情報と、知覚された世界にある情報は同じではありません。そして、同じ情報を見ていたとしても、人によって知覚された世界は異なります。

人は同じ情報を手に入れても、異なる知覚された世界をつくる

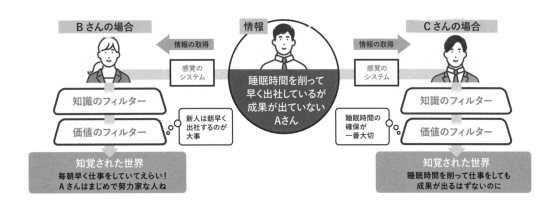

　たとえば、「睡眠時間を削って早く出社しているが、成果が出ていないAさん」がいたとします。同じ人を見ても、知覚のシステムのはたらきにより、知覚された世界は異なります。

　朝7時にオフィスにいるAさんを視界の端に捉えていても、自分のことだけに集中しており、朝早くからオフィスにいる他の人が意味ある情報ではなくなることもあります。同じ時間にオフィスにいたけれども、Aさんが仕事をしていたことに気づいていないという人もいるでしょう。

　あるいは、上質世界に「朝早く出社する新人像」をもっている人にとっては、Aさんの行動は好ましく、Aさんに対してまじめな努力家だと肯定的な価値づけをするでしょう。

　逆に、生存の欲求が高く睡眠時間の確保を重視する人や、「限られた時間で生産性高く働くこと」が上質世界に入っている人は、Aさんに否定的な価値づけをするかもしれません。

「知覚された世界」の違いを
理解してマネジメントする

　同じ会社で、同じ仕事をし、同じ情報を捉えているはずなのに、意見が全く異なるということは、珍しいことではありません。

　重要なことは、**誰の解釈や意見が正しいのか**ではなく、**解釈や意見の違いが何からうまれているのか**を理解することです。たとえば「トレーニングをしよう！」と声をかけたとき、「朝早いから大変なので、嫌だな」とメンバーが言ったとします。上司であればつい「トレーニングをすることは必要なことであり、正しい」と伝えたくなるかもしれません。

　しかし、解釈の違いが何から生まれているのだろうと考えてみましょう。メンバーの価値フィルター（上質世界）のなかに、トレーニングが入っていないのかもしれません。上質世界には、欲求を満たすものが入ります。上質世界にトレーニングを入れてもらうために、結果を出した人の事例を共有することや、一人ではなく複数人でのトレーニングにすることなど、相手の欲求に合わせたサポートのアイディアが出てくるでしょう。

　違いがうまれた背景を考えることで、「トレーニングは必要なので、参加してください」と伝えるよりも、効果的に関わることができるのです。

日常生活のなかで「同じ情報を捉えているはずだが、知覚された世界が異なった」という経験はありますか。その違いは、何からつくられていたと思いますか。書き出してみましょう。

4.比較の場

 赤シートを使おう

情報に価値づけをしたあと、その情報は（　比較の場　）で（　上質世界　）と比較されます。

比較の場で天秤が傾くと、「うっ」という嫌な感じを覚える。これを（　不随意行動　）と呼ぶ。

同時に、（　フラストレーション・シグナル　）という、状況をコントロールするために「何らかの行動を起こしなさい」という働きかけが起き、（　行動のシステム　）を呼び起こします。

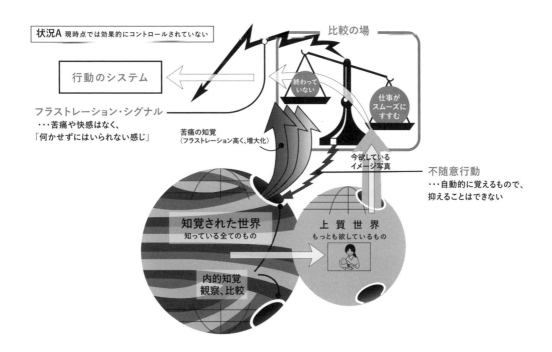

たとえば、メンバーに任せた仕事が終わっていないことが発覚したとします。上質世界に仕事がスムーズに進むことを入れている場合、比較の場で天秤が傾き、「うっ」という嫌な感じ、不随意行動を覚えます。

そして、任せた仕事が終わっていない状況をコントロールするために「フラストレーション・シグナル」が、行動のシステムに働きかけます。

ここで大切なことは、あくまでも私たちの行動は、行動のシステムによって決定するということです。ですから、<u>不随意行動を覚えたからといって、その後の行動を自分が選択できないわけではありません。</u>

5. 行動のシステム

> 私たちは、効果的にコントロールできていない状況に直面すると、そのときの自分にとって（ 最善 ）の行動を選択します。この、最善の行動を選択しようとするシステムのことを、（ 行動のシステム ）と呼びます。

　行動のシステムが呼び起こされると、まず「今まで行った（ 経験 ）があり、（ 効果 ）があった行動」である（ 整理された ）行動を選択しようとします。

　しかし、何らかの事情で整理された行動を選択できなかった場合、（ 再整理 ）というステップを経て、新しい行動を生み出そうとします。

　新しい行動は、一度使えば整理された行動になります。

　なお整理された行動はすべて行為・思考・感情・生理反応の４つの構成要素からなる（ 全行動 ）です。

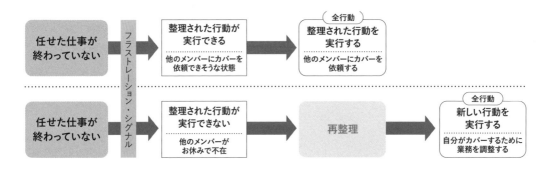

☐ 創造システムのはたらき

　行動のシステムは整理された行動を蓄積するだけではなく、<u>新しい行動を創造する力</u>を持っています。私たちは常にたくさんの新しい行動を考え出さなければならないので、行動のシステムは絶えず、<u>整理と再整理</u>をしています。もし、整理された行動が底をついたにもかかわらず、効果的なコントロールを得られていないとき、<u>創造システムがはたらき、全行動に創造性を付与します。</u>

> 「脳の創造力は誰にも予測出来ない。しかし、あなた自身の経験する全行動、また、周りの人がとる全行動は、それがどんなものであっても、全て、あなた自身の、そして周りの人の創造性によるものであると考えてよい」。（『警告！』2004・アチーブメント出版 p243）

　時として創造システムは、<u>苦痛をもたらす自己破壊的な行動を創造し、大きな害をもたらす可能性もある</u>と、グラッサー博士は指摘しています。

6. コントロールシステムの環

私たちは、状況を効果的にコントロールできるよう、（　情報　）の取得と（　行動　）の選択をし続けている。これを、（　コントロールシステムの環　）と呼ぶ。

コントロールシステムの環は、上質世界からはじまると言っても過言ではありません。私たちは、基本的欲求を満たすイメージ写真を得るために、行動を選択します。そして、行動は現実世界で実行されます。現実世界の情報は、知覚のシステムをとおって、知覚された世界を形成し、再び上質世界と比較されるのです。

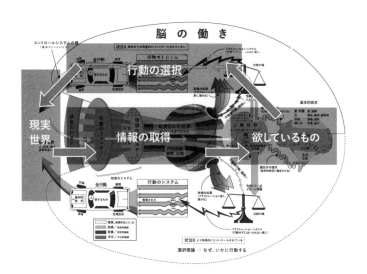

私たちが状況A、つまり「現時点では効果的にコントロールされていない」状態である限り、負のフィードバックが発せられ続けます。なお、状況Bにおいても天秤がバランスをとりはじめると、「人生がより効果的にコントロールされている」と思えるようなフィードバックが発せられています。

さらなる学びと実践へのヒント

メンバーの状況を
カラーチャートをとおして理解する

　ここまで、人間の脳のメカニズムを表した「カラーチャート」について学んできました。特に1対1のマネジメントにおいてマネジャーに求められるのは、「状況A」にいるメンバーに、効果的な情報提供や機会提供を行い、「状況B」への移行を支援していくことでしょう。

　今、身近なメンバーで「状況A」にいるメンバーを頭に浮かべながら、書き出してみましょう。

今、メンバーはどのような状況におかれていますか。

メンバーは、どのような欲求バランスをもっていますか。また、上質世界に何が入っていると思いますか。

メンバーは、どのように現実世界を知覚していますか。そして、状況をコントロールするために、メンバーはどのような「全行動」を選択していますか。

　たとえば、目標が未達成でオフィスで発言をしなくなったメンバーがいるとします。そのメンバーは力の欲求や愛・所属の欲求が高く、上質世界には仲間とともに達成している自分がいます。もしかすると、メンバーは現実世界を否定的に捉え、自分はチームの足を引っ張ってしまっているダメな存在だと捉え、落ち込みという全行動を選択しているのかもしれません。

　一見不可解にも見えるメンバーの行動も、すべてはメンバー自身が自分の欲するものを得ようとする「最善の行動」です。そう捉えたとき、マネジャーの役割とは、メンバーの上質世界のイメージ写真を明確にし、メンバーの創造システムがより効果的にはたらくよう支援をすることと言えるかもしれません。メンバーへの具体的な関わり方については、第3章「リードマネジメント」をご確認ください。

第 **2** 章
カラーチャート
基本問題 （2級レベル）

1

**以下の文を読み、それぞれ何について説明
しているかを答えなさい。**

① 人の行動のメカニズムを示した図

② 知識のフィルターと価値のフィルターを
あわせたもの

③ 自分の知覚したものが上質世界にあるも
のと異なっていた場合、一瞬、自動的に
覚える「うっ」という嫌な感覚

④ ③が起きたあと、その状況をコントロー
ルするために「行動を起こしなさい」と
発生する信号

⑤ 今まで行った経験があり、効果があった
行動

⑥ 行動の選択において、⑤の行動を選択で
きなかった場合、新しい行動を生み出そ
うとするはたらき

⑦ 状況を効果的にコントロールできるよう
に、情報の取得と行動の選択をし続ける
はたらき

解答欄

▼ 正解した問題に ✔ をつけましょう

☐ ① _____

☐ ② _____

☐ ③ _____

☐ ④ _____

☐ ⑤ _____

☐ ⑥ _____

☐ ⑦ _____

正答数

問／**7**問

▶ 解答は 50 ページにあります

2

次の文章を読んで、空欄（①）〜（⑥）にあてはまる言葉を答えなさい。

カラーチャートの考え方は、部下をマネジメントする際に、活用することができる。

たとえば仕事をしていて、上司は部下の仕事ぶりに満足していないが、部下は自分の仕事は十分な出来栄えでありよくやっていると考えているケースがある。
このケースのように同じ状況に対して異なる捉え方をするのは（　①　）が人によって異なるためである。

ではなぜ、上司と部下の（　①　）は異なるのだろうか。それは、（　①　）が形成されるプロセスに着目すると分かる。私たちの脳の外側にある情報は、まず五感によって構成される（　②　）をとおる。その次に（　③　）をとおり、最後に（　④　）をとおる。上司と部下の（　①　）が異なるのは、特に（　③　）や（　④　）が上司と部下で異なるためだ。

（　③　）には、私たちの知っているすべてのものが入っており、ここで情報は（　⑤　）つに分類される。部下が仕事の基準や確認すべきポイントを知らない場合、不備に気づいていないということは十分に起こり得る。

（　④　）には、（　⑥　）にあるすべてのものが入っている。たとえば、部下が仕事の基準を知っていたとしても、「すべて完璧に行わなくてもよい」と思っている場合も、仕事の出来栄えに対する評価は異なる。

解答欄

▼ 正解した問題に ✔ をつけましょう

- ☐ ①　＿＿＿＿＿＿＿＿
- ☐ ②　＿＿＿＿＿＿＿＿
- ☐ ③　＿＿＿＿＿＿＿＿
- ☐ ④　＿＿＿＿＿＿＿＿
- ☐ ⑤　＿＿＿＿＿＿＿＿
- ☐ ⑥　＿＿＿＿＿＿＿＿

正答数

問／**6**問

▶ 解答は50ページにあります

3

知識のフィルターについて、次の文章を読んで、空欄（①）～（⑦）にあてはまる言葉を答えなさい。

知識のフィルターをとおった情報は、
(1) 知覚したものが何であるか（ ① ）、自分にとって何らかの（ ② ）のあるもの
(2) 知覚したものが何か（ ③ ）が、自分にとって何らかの（ ② ）があると（ ④ ）もの
(3) 情報が何であるか（ ⑤ ）しようとしまいと、自分にとって（ ② ）の（ ⑥ ）もの
の３つに分類される。
このうち、価値のフィルターに届かずに認識から脱落するものは、(1)～(3)のうち（ ⑦ ）である。

解答欄

▼ 正解した問題に✔をつけましょう

- ☐ ①　＿＿＿＿＿＿＿＿
- ☐ ②　＿＿＿＿＿＿＿＿
- ☐ ③　＿＿＿＿＿＿＿＿
- ☐ ④　＿＿＿＿＿＿＿＿
- ☐ ⑤　＿＿＿＿＿＿＿＿
- ☐ ⑥　＿＿＿＿＿＿＿＿
- ☐ ⑦　＿＿＿＿＿＿＿＿

正答数

問 / **7** 問

▶ 解答は51ページにあります

4

価値のフィルターについて、次の文章を読んで、空欄（①）～（④）にあてはまる言葉を答えなさい。

価値のフィルターは、知覚された情報を（ ① ）、（ ② ）、（ ③ ）に区分します。価値のフィルターには（ ④ ）にあるものがすべて含まれており、「自分の欲しているもの」と比較して、知覚した情報が良いものであれば（ ① ）を、良くないものであれば（ ② ）を、どちらでもないものに（ ③ ）をつけます。

解答欄

▼ 正解した問題に✔をつけましょう

- ☐ ①　＿＿＿＿＿＿＿＿
- ☐ ②　＿＿＿＿＿＿＿＿
- ☐ ③　＿＿＿＿＿＿＿＿
- ☐ ④　＿＿＿＿＿＿＿＿

正答数

問 / **4** 問

▶ 解答は51ページにあります

5

以下の文章を読み、正しいものには○、そうでないものには×をつけなさい。

① カラーチャートは、大きく上下2つの状況に分かれている。図の下半分、現時点で効果的にコントロールされている状況を状況Aと呼ぶ。

② 現実世界にある同じ情報を取得しても、人によって知覚された世界は異なるものになる。

③ 比較の場で天秤が傾くと、「うっ」という嫌な感じである不随意行動を覚える。人は、不随意行動を覚えると、その不快感から効果のない行動を選択してしまう。

④ 整理された行動はすべて行為・思考・感情・生理反応の4つの構成要素からなる全行動である。

⑤ 効果的なコントロールを得られていないとき、創造システムがはたらき、全行動に創造性を付与する。創造システムによって創造された行動はすべて最善の行動であり、苦痛をもたらす自己破壊的な行動を創造することはない。

解答欄

▼ 正解した問題に ✔ をつけましょう

- ☐ ① _____
- ☐ ② _____
- ☐ ③ _____
- ☐ ④ _____
- ☐ ⑤ _____

正答数

問／**5**問

▶ 解答は51ページにあります

第**2**章

カラーチャート

応用問題 （2級レベル）

1

以下の文章を読み、次の問いに答えなさい。

> Sさんという入社一年目の新人メンバーがいます。Sさんはなかなか大きな成果を出すことができていません。先日「成果を出しているT先輩にアドバイスをもらったら」とアドバイスをしました。2週間後、SさんにT先輩からアドバイスをもらえたか尋ねたところ、「まだ聞いていません。もうちょっと自分なりにやってみたいんです」と返ってきました。

問　「**人からアドバイスをもらわずに、自分なりにやってみる**」**ことは、このときのSさんにとっては最善の行動である。なぜか。行動のシステムに言及したうえで理由を答えなさい。**

☐ ◀ 解答のポイントをおさえることができたら、チェックボックスに✔をつけましょう

▶ 解答は52ページにあります

2

人は状況を効果的にコントロールできるように、情報の取得と行動の選択を繰り返す。このシステムをなんと呼ぶかを答えなさい。また、具体例を用いて説明しなさい。

☐ ◀ 解答のポイントをおさえることができたら、チェックボックスに✔をつけましょう

▶ 解答は53ページにあります

第**2**章

カラーチャート

発展問題 （準1級レベル）

以下の文章を読み、あとの問いに答えなさい。

Aさんは、今年の4月に入社した新入社員です。今日、B専務を交えた会議がありました。Aさんは、尊敬するB専務と初めて同じ会議の場に出席ができ、意気込んでいましたが、会議終了後、Aさんの上司のC課長は、険しい表情をしたB専務に呼び出されました。

〈B専務とC課長の会話〉
B専務：C課長、お疲れ様。
C課長：お疲れ様です。
B専務：ちょっと、さっき会議に参加していたAさん、あとで指導しておいてくれないか。私が大事な話をしているっていうのに、1時間の会議中、ずっと下を向いてスマートフォンを触っていたよ。
　　　　まったく、最近の新入社員は礼儀を分かっていないというか、とんでもないよ。
C課長：さようでございましたか、申し訳ございません。
B専務：しかも、彼はノートも持ってきていないようだ。
　　　　会議中は、ノートとペンを持参してメモを取るのが社会人としての常識だろう。スマートフォンを開いたって、仕事にはならないんだ。
　　　　しかも、彼は会議中下を向いてばかりで、一度も発言や質問をしていなかった。
　　　　まだ新入社員とはいえ、今のうちにちゃんと言っておいてくれよ。
　　　　それから、会議でのスマートフォンの使用は今後禁止するように。
C課長：かしこまりました。

C課長は、Aさんと次のように話しました。

〈C課長とAさんの会話〉
C課長：Aさん、今日もお疲れ様。
Aさん：お疲れ様でした。

C課長：B専務に注意を受けたんだけど、今日の会議中、ずっとスマートフォンを
　　　　触っていたんだって？

Aさん：あ、はい。

　　　　私、ノートに書くよりもスマートフォンで打つ方がメモを取るの、早い
　　　　んです。分からないことがあれば、その場で調べられるし後から検索も
　　　　できて便利ですし。さっきの会議中、やった方がいいと思ったことは
　　　　ToDoリストに追加しました。

C課長：なるほど。

　　　　分からなくもないのだけれど、B専務からは「会議中は、ノートとペン
　　　　を持参してメモを取るのが社会人としての常識。スマートフォンばかり
　　　　触っていても仕事にはならないから注意するように。会議中のスマート
　　　　フォンの操作は、もう禁止だ」と言われたよ。

Aさん：そんな……。

　　　　僕だって、サボっていたわけでもないし。

　　　　しかも、会社から支給されたスマートフォンでメモを取っているだけです。

C課長：うーん。

　　　　まあ、⑴ジェネレーションギャップというか……。

　　　　B専務は、スマートフォンでメモを取ったり細かいToDoリストがつくれ
　　　　ることもご存じないと思う。とにかく、ずっと下を向いて画面の操作を
　　　　していることは礼儀が悪いと仰っていたから、気をつけてほしいんだ。

Aさん：え……。ちょっと納得できません。

　　　　だって、会議中にスマートフォンを使った方が絶対に便利です。

　　　　それに、私なりに尊敬するB専務の仰っていることを一言一句漏らさな
　　　　いようにメモを取っていただけなのに。なんで怒られないといけないん
　　　　ですか。

そう言い残し、⑵Aさんはふてくされた顔で、部屋から出ていってしまった。

問1 下線部⑴とあるが、「会議中にスマートフォンを使うこと」に対して、AさんとB専務は異なった見解をもっている。それはなぜか、知覚のシステムに基づいて説明しなさい。なお、事例から読み解けない部分については、推測で構わない。

☐ ◀ 解答例を読み、ポイントを理解できたら、チェックボックスに✔をつけましょう

▶ 解答は54ページにあります

問2 下線部⑵とあるが、なぜAさんはこのような行動をしたのか。
行動のシステムが呼び起こされてから、行動の選択を行うまでのプロセスととも
に説明しなさい。なお、事例から読み解けない部分については、推測で構わない。

☐ ◀ 解答例を読み、ポイントを理解できたら、チェックボックスに✔をつけましょう

▶ 解答は55ページにあります

問3 あなたがC課長だったとしたら、AさんやB専務にどのように関わるか。

　　問1・問2で答えたことをふまえ、答えなさい。

　　なお、事例から読み解けない部分については、推測で構わない。

□ ◀ 解答例を読み、ポイントを理解できたら、チェックボックスに✔をつけましょう

▶ 解答は56ページにあります

第 **2** 章
カラーチャート

解答

(基本問題　解答)

1
① カラーチャート
② 知覚のシステム
③ 不随意行動
④ フラストレーション・シグナル
⑤ 整理された行動
⑥ 再整理
⑦ コントロールシステムの環

☞ 28～37ページ参照

2
① 知覚された世界
② 感覚のシステム
③ 知識のフィルター
④ 価値のフィルター
⑤ 3
⑥ 上質世界

☞ 29～33ページ参照

3	①	分かり
	②	意味
	③	分からない
	④	信じる
	⑤	知覚
	⑥	ない
	⑦	（3）

30〜31ページ参照

4	①	肯定的価値
	②	否定的価値
	③	中立的価値
	④	上質世界

31〜32ページ参照

5

① ✕

現時点で効果的にコントロールされている状況を、状況 B と呼ぶ。

28ページ参照

② 〇

33ページ参照

③ ✕

不随意行動を覚えたからといって、その後の行動を自分が選択できないわけではない。

35ページ参照

④ 〇

36ページ参照

⑤ ✕

時として創造システムは、苦痛をもたらす自己破壊的な行動を創造する。

36ページ参照

（ 応用問題　解答 ）

1

設問 👉 43ページ

> Sさんという入社一年目の新人メンバーがいます。Sさんはなかなか大きな成果を出すことができ
> ていません。先日「成果を出しているT先輩にアドバイスをもらったら」とアドバイスをしました。
> 2週間後、SさんにT先輩からアドバイスをもらえたか尋ねたところ、「まだ聞いていません。も
> うちょっと自分なりにやってみたいんです」と返ってきました。
>
> **問　「人からアドバイスをもらわずに、自分なりにやってみる」ことは、このときのSさんにとっ
> ては最善の行動である。なぜか。行動のシステムに言及したうえで理由を答えなさい。**

問題の解き方　この設問で問われているのは、次の2点です。

① 行動のシステムとは何かを説明する

② 効果のない行動であっても「最善」と言える理由を説明する

（ 解答例 ）

行動の選択において、私たちは整理された行動を選択する。整理さ　←── 行動のシステム
れた行動とは、今まで行った経験があり、効果があったものである。
何らかの事情があって整理された行動が選択できないときは、再整
理をし、新たな行動を選択する。

Sさんの場合、まず自分なりにやることが、整理された行動である　←── Sさんが「先輩の
可能性が高い。そのため、アドバイスをもらうのではなく自分なり　　　　アドバイスを聞か
にやることを選択した。　　　　　　　　　　　　　　　　　　　　　　　ない」選択をした
　　　　　　　　　　　　　　　　　　　　　　　　　　　　　　　　　　理由

※解答例は、あくまでも模範解答の1つです。この答えだけが正解ということではありません

（ 解答のポイント ）　次の2点をおさえることができた文章かも、確認してみましょう。

☑ 行動のシステムについての説明が書かれている

☑ Sさんの行動が、整理された行動（あるいは再整理されて創造された行動）であった
　ことを指摘している

2

設問 44ページ

人は状況を効果的にコントロールできるように、情報の取得と行動の選択を繰り返す。このシステムをなんと呼ぶかを答えなさい。また、具体例を用いて説明しなさい。

問題の解き方　この設問で問われているのは、次の2点です。

① システムの名称を答える
② 情報の取得と行動選択のプロセスについて、具体例を用いて説明する

（ 解答例 ）

コントロールシステムの環と呼ぶ。　　　　　　　　　← システムの名称

たとえば、紅茶を飲み、思っていたよりも熱かったと感じた。取得した情報を求めているものと比較し、理想の温度の紅茶になるまで氷を入れる、時間をおいて冷ますという全行動を選択する。もう一度飲み、まだ熱ければ、さらに牛乳を加えるという全行動を選択する。　　← 「紅茶を飲んだとき」の具体例

効果的にコントロールできていない状況である「状況A」において、効果的にコントロールできている「状況B」へ移行するまで、私たちは情報の取得と行動の選択を繰り返す。

※解答例は、あくまでも模範解答の1つです。この答えだけが正解ということではありません

（ 解答のポイント ）　次の3点をおさえることができた文章かも、確認してみましょう。

☑ システムの名称について正しく書かれている
☑ 効果的にコントロールできていない状況について具体例が書かれている
☑ 状況をコントロールするために選んだ「全行動」について書かれている

発展問題　解答

設問 🖙 47ページ

> 問1　下線部①とあるが、「会議中にスマートフォンを使うこと」に対して、AさんとB専務は異なった見解をもっている。なぜか、知覚のシステムに基づいて説明しなさい。なお、事例から読み解けない部分については、推測で構わない。

問題の解き方

この設問で問われているのは、次の2点です。

① 知覚のシステムとは何かを説明する

② 知覚のシステムの考えに照らし合わせて、AさんとB専務が、現実世界をどのように知覚したかを説明する

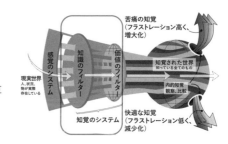

解答例

　　私たちは、現実世界にある情報を、五感が構成する感覚のシステムをとおして捉える。そして知識のフィルター・価値のフィルターで構成される知覚のシステムをとおり、知覚された世界を形成する。知識のフィルターには、知っているすべてのものが含まれ、価値のフィルターには、上質世界にあるすべてのものが含まれる。
　　知識や経験、上質世界は人によって異なるため、人によって知覚された世界は異なる。

　← 知覚のシステムとは何か

　⎫ 知覚された世界が異なる理由

　　今回の場合、Aさんはスマートフォンの機能に詳しく、効果的に仕事に用いる方法を知っていると推測できる。一方でB専務はスマートフォンがもつ会議の議事録作成に効果的な機能を知らない可能性が高い。

　⎫ AさんとB専務の知識のフィルターの違い

　　また、Aさんの上質世界にある「良い会議参加の仕方」は一言一句メモを取ることである。一方B専務の上質世界にある「良い会議参加の仕方」は、発言者の顔を見て話を聞き、ノートにメモを取り、発言や質問をすることであり、AさんとB専務の上質世界は異なると考えられる。

　⎫ AさんとB専務の価値のフィルター（上質世界）の違い

　　このように、二人のもっている知識・経験・上質世界が異なるために、AさんとB専務は異なった見解をもった。

※解答例は、あくまでも模範解答の一つです。この答えだけが正解ということではありません
※知覚のシステムについては、ビジネス選択理論能力検定2級・準1級公式テキストの56〜60ページでも確認をしてみましょう

問2　下線部⑵とあるが、なぜAさんはこのような行動をしたのか。

　　　行動のシステムが呼び起こされてから、行動の選択を行うまでのプロセスとともに説明しなさい。なお、事例から読み解けない部分については、推測で構わない。

問題の解き方　　この設問で問われているのは、次の3点です。

　① 行動のシステムが呼び起こされるまでのプロセスを説明する

　② 行動の選択を行うまでのプロセスを説明する

　③ Aさんの行動の理由が書かれている

状況A 現時点では効果的にコントロールされていない

（**解答例**）

　　Aさんにとって、会議中のスマートフォンの使用を禁止されたことは、状況を効果的にコントロールできているとはいえない。
　　Aさんの上質世界には、尊敬するB専務がいるが、B専務から注意をされたことで、比較の場で天秤が傾いた。
　　不随意行動が起き、「うっ」という嫌な感じを覚えると同時に、フラストレーション・シグナルが発せられ、行動のシステムが呼び起こされた。

→ 行動のシステムが呼び起こされるまでのプロセス

　　行動の選択においては、まず、今まで行った経験があり効果のあった行動である整理された行動を選択する。何らかの理由で整理された行動ができなかったときは、再整理というステップを経て、新しい行動を生み出そうとする。

→ 行動のシステムの説明

　　今回の場合、Aさんは、まず、C課長に対して納得ができないと伝えた。意見を伝えることは、整理された行動であった可能性が高い。しかし、全行動の結果、求めているものは得られなかったため、さらにふてくされた顔をしてその場を離れるという全行動を選択した。
　　これらは、Aさんが状況を効果的にコントロールするために行った、最善の行動である。

→ Aさんの行動を行動のシステムにあてはめて説明

※解答例は、あくまでも模範解答の一つです。この答えだけが正解ということではありません
※行動のシステムについては、ビジネス選択理論能力検定2級・準1級公式テキストの62～64ページでも確認をしてみましょう

問3　あなたがC課長だったとしたら、AさんやB専務にどのように関わるか。

問１・問２で答えたことをふまえ、答えなさい。

なお、事例から読み解けない部分については、推測で構わない。

問題の解き方　知識のフィルターや価値のフィルター（上質世界）の違いから認識の違いがうまれています。知覚された世界の違いをふまえ、二人の上質世界が満たされる支援ができるよう関わります。

この設問で問われているのは、次の3点です。

① Aさんへの関わり方

② Bさんへの関わり方

③ 知識のフィルターや価値のフィルターの違いから生じる、知覚された世界の違いに対して①②の関わり方が効果的である理由

(解答例)

（Aさんに対して）

　事実を確認すると、Aさんなりに真剣に会議に参加をしていたことが分かったので、まずはAさんの姿勢について承認をする。　← Aさんの前向きな姿勢を承認

　まず、よい会議とはどのような会議だと思うかをAさんに問いかける。聞くだけではなく、意見を交わし、議論を進めることが会議の目的であることを伝え、その場合理想の会議の参加姿勢とはどのような姿勢だと思うかを聞く。「新人のときは、聞くだけだと思うかもしれないが、会議で積極的に議論に参加をし価値をつくりだせる人材に成長してほしい」と、期待を伝え、情報を提供する。　← 理想の会議の参加姿勢についてディスカッションし、情報を提供する

B専務の発言についても補足をする。
「B専務は、下を向いてスマートフォンの操作ばかりしていると、議論に参加しづらいのではないかと懸念をしている」

「一緒によい会議をつくりたいのだけれど、どうしたらよさそうか」と質問する。しっかりメモを取り、検索したりToDoリストの作成をしながら、議論に参加する方法についてアイディアを一緒に出す。次回の会議から、一つずつ取り組めるようにプランニングする。　← 真剣に会議に参加をしたいというAさんの願望と、議論をしてほしいというB専務の上質世界が同時に遂げられる方法を、一緒に創造する

（B専務に対して）

Aさんの行動について、事実を報告する。会議中にスマートフォンを使うことは、議論したことをすぐに実行にうつせたり、議論を深めたりできる可能性があることを伝え、操作は禁止にしなくてもよいのではないかと進言をする。　←　スマートフォンの使い方について情報提供する

一方で、会議は発言や参加態度が議論の進展において重要なため、社員の会議への参加姿勢については啓蒙すると伝える。Aさんと話し合って出てきた参加のためのアイディアについても報告する。　←　B専務が理想とする会議の参加姿勢や進行については、実現するように取り組むことを伝える

※解答例は、あくまでも模範解答の一つです。この答えだけが正解ということではありません

解説

今回の場合は、「会議中にスマートフォンを触る」ということについて、B専務は会議をサボっていると捉え、Aさんは真剣に参加をするために必要なことだと捉えていました。また、新人であるAさんは、会議に参加をするときに大切なことは「議論に参加をすることである」という基準や、会議の理想の進行については情報がない可能性がありました。

一方で、AさんもB専務も「真剣に会議に参加したい」「よい会議にしたい」という上質世界をもっていたため、よい会議を実現するために、お互いが歩み寄れる新しい第3の選択肢がないかどうかを模索しています。

組織で仕事をしていると、同じ一つの現象に対して一人ひとりが異なった認識をもち、意見の対立が起きることは容易にあります。そのとき、知覚された世界の違いがなぜ生まれているのかを理解し、それぞれが求めているもので、共通するものや同時に満たすことができるものを探し、共通の願望に向かって新たな行動を創造することは効果的です。
重要なことは、誰が正しいかではないのです。

第**3**章

リードマネジメント

第3章で学ぶ
ビジネス選択理論能力検定2級・準1級公式テキスト該当範囲

第2部リードマネジメント編　P68~P122

1. リードマネジメントとは

赤シートを
使おう

選択理論を職場におけるマネジメントに応用した手法です。成果と人間関係の両立を目指すマネジメントを（　リードマネジメント　）と呼びます。

それぞれの上司の違いを、仕事で失敗した部下への対応を例に見てみましょう。

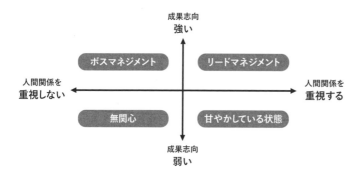

・（　リードマネジメント　）の上司
…（　プロセス　）に焦点をあて、事実を直視させるメンバーの（　成長　）を念頭に置き、決して攻撃的な言葉づかいをしない

・（　ボスマネジメント　）の上司
　…（　結果　）に焦点をあて、責めたり、脅したりすることで改善を図る

・（　甘やかしている　）上司
　…自分が部下から（　嫌われない　）ことが目的であり、仕事の結果や改善に焦点をあてない

☐ **マネジャーの責任とは**
グラッサー博士が影響を受けた、エドワーズ・デミング博士は、組織におけるマネジャーの責任について次のように述べています。

1) 一貫した目的、組織の継続性を明確にする責任がある。部下に明るい将来があることを示す責任がある。

2) 部下は、システムのなかで働いている。マネジャーはシステムを通じて、最低のコストで最高の品質を生み出さなければならない。マネジャーはシステムを改善し続ける責任がある。マネジャー以外にシステムを改善する責任のある人はいない。

2. リードマネジメントの3原則

　グラッサー博士は以下の3つを「リードマネジメントの3原則」として提示しています。

(1) （　クオリティ（　上質　）　）を追求する
(2) （　他者評価　）でなく（　自己評価　）をうながす
(3) （　強制　）をしない
　　職場から（　恐れ　）をなくす

□（　クオリティ（上質）　）**を追求する**

　クオリティとは、商品や製品、サービスの品質のことを指します。グラッサー博士は「上質とは、上質世界に入るものである」と定義しています。

　具体的には、以下の7つが「上質」の要素として提示されています。このうち前半の（　3つ　）は「前提条件」であり、後半の（　4つ　）は「上質の条件」です。

1. 温かい（　人間関係　）の中で生まれる
2. （　強制　）のないところから生まれる
3. （　自己評価　）から生まれる
4. そのとき（　最善　）のもの
5. いつでも（　改善　）できるもの
6. 役立つもの
7. （　気分の良い　）もの（しかし、（　破壊的でない　）もの）

　上質とは、最高のものだけを指すわけではありません。そのとき最善のものです。もし、最高でなければ上質ではないとしたら、業界2位の企業のサービスや、試合に負けたチームは上質ではなくなってしまいます。選択理論において、勝者は必ずしも一人ではないのです。

3. リードマネジメントの4つの基本的要素

リードマネジメントを実践するうえでは、次の4つの基本的要素が大切です。

1. リーダーは、仕事の（　成果の基準　）と（　必要な時間　）について部下に話し合ってもらい、その（　意見　）をとり入れる。部下の技術と欲求が（　適材適所　）であるか常に確かめる。

1つ目の要素を現場で、どのように実践していますか？　具体的に書き出してみましょう。

例：3か月に一度、会議のなかで「部署に求められる仕事とその基準は何か」をディスカッションする時間を設けている

2. リーダーは仕事の（　手本　）を示し、期待する（　成果の基準　）を部下に正確に理解してもらう。そしてどうしたらもっとよくできるか、たえず部下の（　意見　）を求める。

2つ目の要素を現場で、どのように実践していますか？　具体的に書き出してみましょう。

例：新たに部署にメンバーが加わったときは、最初の仕事を一緒に行うことで、プロセスや基準を教えている

3. 部下自身に自分の（　仕事の質　）を確認し、（　評価　）してもらう。部下はリーダーが自分たちの知識を（　信頼　）し、言うことに耳を傾けてくれると確認している。

3つ目の要素を現場で、どのように実践していますか？　具体的に書き出してみましょう。

例：メンバーが仕事でミスをしたとき「ダメだね」と一方的に評価をするのではなく、メンバー自身に自分の仕事の質がどうだったかを言語化してもらうようにしている

4. リーダーは（　促進者　）である。部下に仕事のための最高の（　道具　）と（　職場　）を与え、（　強制　）のない雰囲気を提供するために、可能なことをすべて（　実行　）していることを示す。

4つ目の要素を現場で、どのように実践していますか？　具体的に書き出してみましょう。

例：メンバーの生産性向上のために、新たなツールを検討し、先月から導入した仕事を進めていくうえで●●部署の協力が必要だったので、交渉し協力の合意を取りつけた

4. リードマネジメントの8要素

リードマネジメントには8つの要素があると考えられています。これは、リードマネジメントを行うための具体的な要素ですが、ステップのように必ず順番に行わなければならないものではありません。

赤シートを
使おう

リードマネジメントの8要素

1. （　支援的な人間関係　）をつくり上げる
2. （　事実　）を話し合う
3. 部下に自分の仕事を（　評価　）してもらう
4. （　改善計画　）を取り決める
5. しっかりした（　決意　）を取り付ける
6. （　言い訳　）を受け入れず、仕事の話を進める
7. （　罰　）したり、（　批判　）したりせず、（　責任　）を自覚させる
8. 簡単に部下のことを（　あきらめない　）

リードマネジメントの8要素を使い、メンバーと関わった経験について、書き出してみましょう。特にどの要素を使ったのか、具体例を挙げてください。

例：「事実を話し合う」ことと「簡単に部下のことをあきらめない」ことを意識した。たとえば、メンバーが発注を間違えたとき、時系列ですべての事実を確認した。そして、リカバリーをしきれると信じていることを伝え、寄り添った

□ 1．支援的な人間関係をつくり上げる

　上質な仕事の基盤には必ず支援的な人間関係があります。部下が何らかの問題を抱えているとき、良好な人間関係を築くことは簡単ではありませんが、粘り強く部下に関わることがリードマネジメントでは求められています。

　リードマネジメントでは、良好な人間関係をつくる13の方策が示されています。

良好な人間関係をつくる13の方策

1. （　認め方　）を学ぶ
2. （　時間　）をかける
3. 危機や問題状況の真っ最中に（　対決　）しない
4. （　聞く気　）がないのに（　質問　）しない
5. （　敬意　）を払う
6. 他の人の前で（　批判　）したり、（　叱り　）つけない
7. （　良質な時間　）を与える
8. 仕事を（　楽しく　）する
9. 部下の（　信頼　）を得、（　緊密な関係　）を保つ
10. （　失敗　）があっても（　大騒ぎ　）しない
11. （　向こう傷　）はとがめない
12. （　批判　）しない
13. 部下との間に（　溝　）をつくらない
　　部下との（　心の距離　）を常に意識して、（　縮める努力　）をする

　良好な人間関係をつくる13の方策を実践することで、どのような変化や成果をつくりだしましたか。具体的に書き出してみましょう。

　例：仕事を楽しくすることを意識した。具体的には、仕事の中でメンバーが自分で工夫したり試行錯誤できる領域をつくるようにしている

□ 2. 事実を話し合う

事実の話し合いを行うための2つの規則
1. （ 過去の問題 ）に触れない
2. （ 感情 ）に（ 焦点 ）をあてない

　部下と関わる際、感情論ではなく、事実を共有することで次の評価の質問の準備をすることができます。しかし、人の記憶はあいまいであり、過去に起こった問題や出来事で意見が一致することは難しいものです。ですから、つねに現在の問題に焦点をあてることです。

　また、穏やかに話し合いを行うために、感情について話すことも避けるべきです。部下がどうしても感情について話したい場合、ごく短時間だけ話を聞き、否定せずに傾聴することが大切です。

　事実を話し合う際に、上司側が事実を提示すると、問い詰めるような印象を与えてしまうことがあります。「今月の達成率は70％ですね」と提示するのではなく、「今の達成率は何％ですか」と質問をしましょう。質問をすることによって、相手がどのように事実を認識しているかを確認することができます。

□ 3. 部下に自分の仕事を評価してもらう

自己評価を促す2つのポイント
1. （ 問い詰めるような言い方 ）にならないよう、（ 穏やか ）に聞く
2. （ していること ）、つまり（ 行為 ）に焦点をあてて尋ねる

　自己評価とは、今していることが求めているものを手に入れるのに役立っているかを、自ら振り返ることです。

　たとえば、未達成が続いているメンバーに「今のままでは目標達成は難しいよ」と上司が伝えるのではなく「今の行動を続けていって目標達成するかどうか」を問いかけるということです。

　他者評価の最大の問題点は、評価に対して納得性がない点です。結果だけが評価され、評価基準が分からないことが多いため、評価される側に不満が募っていることが多くあります。

□ 4. 改善計画を取り決める

改善計画の基本原則
1. （　具体的　）であること
2. （　すぐに立てる　）こと
3. （　進捗確認　）の（　日時　）を決めること
4. （　成果　）の（　質　）を再確認すること
5. 達成するための（　仕事量　）を（　具体化　）すること
6. 計画を（　一方的　）に決めず、部下に計画作りに（　参加　）してもらうこと

ポイントは、<u>部下とともに改善計画をつくる</u>ことです。それにより部下の力の欲求が満たされます。上司が一方的に改善計画を提示してしまうと、部下の力の欲求や愛・所属の欲求が阻害されることにもつながります。

□ 5. しっかりした決意を取り付ける

上司は、改善計画が立案されれば部下が自ら実行するという思い込みを持ちがちです。大切なことは、部下自身が「これなら実行できる」と思える状態をつくることです。

「実行にあたって支援してほしいことはありますか」「この改善計画を実行することで、どんな変化がありそうですか」「一度では思うような成果につながらないかもしれないが、どうしますか」「この面談を終えてまず何から取り組みますか」など、さまざまな問いかけをしながら、メンバー自身の決意が強まるよう協力をしてください。

□ 6. 言い訳を受け入れず、仕事の話を進める

うまくいかなかった（　理由　）は問題にしない
この後（　どうすべきか　）を主題にする

立てた計画がうまくいかなかった場合、<u>「なぜ」という理由を求める質問をしてしまうと、言い訳をつくるだけでよい結果をもたらしません</u>。「何を」「いつ」するかという、問題を改善につなげる質問をしましょう。

また、部下に言い訳の機会をつくらないようにするには「上司が言い訳をしない」ことも重要です。

☐ 7. 罰したり、批判したりせず、責任を自覚させる

　リードマネジメントでは、部下が自分の責任において受け止めるべき結果については、本人に受け止めさせます。

　このときに大切なことは、決して外的コントロールを使わないということです。外的コントロールを使わないとは、部下の天秤を傾かせないことではありません。天秤が傾くことを恐れると、言うべきことを言えない「甘やかし」のマネジメントになってしまいます。

> **☐ 参考：当然の結果を経験させる**
> 以前のリードマネジメントでは「責任を自覚させる」のなかで「当然の結果を経験させる」という項目を紹介していました。たとえば「勤務態度が悪いので昇格できなかった」などが「当然の結果」にあてはまります。しかし、「当然の結果」の意味が歪められ、処罰的なものと混合され、結果として外的コントロールにつながってしまうことをグラッサー博士が危惧したため、近年は明示的に扱われなくなりました。

上司として避けるべき処罰的なやり方の代表例

1. （　あざける　）
2. 部下の（　欠点　）を人に話す
3. 部下や部下の意見に（　注意　）を払わない
4. （　陰で話　）をする
5. 付き合いから（　除外　）する
6. （　外見や容姿　）を引き合いに出す
7. 話を（　聞こうとしない　）
8. （　とがった目つき　）や人の名誉を損なう（　言葉　）で傷つける
9. （　傷つけるような仕事　）を割り当てる
10. 子供のように（　監視　）する
11. （　他人の前　）で叱りつける

「『当然の結果』の意味が歪められ、処罰的なものと混合される」とはどういう意味でしょうか。具体例を書き出してみましょう。

　例：「勤務態度が悪かったので昇格できなかった」ことは当然の結果と言えるが「勤務態度
　　　が悪かったので、あいつはダメな奴だとみんなの前で言う」ことは処罰的なものにあたる

赤シートを
使おう

> 部下が予想しているよりも少しだけ（　長く　）忍耐する

　仕事やプライベートで問題を抱え、欲求が充足されていない部下は、問題行動を起こして上司を試します。上司があきらめなければ、部下は問題行動を起こす正当な理由を失い、徐々に正しい行動をとるようになります。

　「あきらめられた」と感じてから、気にかけられない期間が長く続けば続くほど、再起が難しくなります。自己重要感や組織への所属意識が薄れてしまうのです。

□ リードマネジャーに至る2ステップ

　リードマネジャーへと成長していく過程では、先に（　言葉　）が選択理論的に変化します。このとき、一見選択理論的に見えますが、「部下を思いどおりにしたい」といった、外的コントロールの考えがあります。相手を変えるために選択理論の言葉を用いていることが多い状態です。

　さらに成長をし、「相手を変えることはできない」という考えを本当に理解すると、言葉と行動が一致したリードマネジャーとなるでしょう。

	ボスマネジメントの段階	リードマネジメントの移行段階	リードマネジメントの段階
マネジメントスタイル	外的コントロール	外的コントロール	選択理論
使用言語	外的コントロール	選択理論	選択理論

　あなた自身はボスマネジャーから、どのようにしてリードマネジャーに移行しましたか。具体例を書き出してみましょう。

　例：3年前に選択理論を学び、「○○したら分かっているな」と、脅すような関わりをしていたのをやめた。
　　　次に、内心「こう言ってほしい」と思いながら、「どう思う？」と聞くようになった。
　　　学び続けて最近は、メンバーを変えようという気持ちをもつことなく、「どう思う？」と聞けるようになった。

☐ リードマネジャーとカウンセラーとの違い

選択理論をリアリティ・セラピーとしてカウンセリングに応用する場合と、リードマネジメントとしてビジネスの分野に適用する場合とには、いくつかの前提条件の違いがあります。

(1) カウンセラーは通常（ 第三者 ）であるが、ビジネスの現場では、同僚というすでに知っている間柄であったり、上司・部下という立場の違いがあるために、（ 利害 ）を共にしたり、異にする場合がある

カウンセリングは通常、トラブルと直接関係のない第三者が行います。これに対して、ビジネスの現場や、日常生活で相手にする人は、すでに<u>知っている</u>間柄であることがほとんどです。それゆえに<u>話せること、話しにくいことがある</u>ことを認識している必要があります。また、上司と部下のような関係になった場合には、利害関係も含まれます。上司の願望を伝えるだけではなく、<u>相手の願望を聞きながら交渉していく</u>ことが必要になります。

(2) 会社は会社の（ ルール ）が存在しており、簡単には（ 変えられない ）ことが多い

カウンセリングに訪れる人が抱える人間関係の葛藤は、当事者間の了解があれば、問題は解決に向かっていきます。しかし、ビジネスの現場において、個人間での葛藤や個人と会社とのあいだで葛藤が生じたとき、<u>当事者の判断だけでは解決できない問題が発生する</u>ことも考えられます。当然、会社はそこで働く全従業員がより良い環境で働くために、一定のルールを設けて運営されます。たとえ不満を持っていたとしても、<u>すぐにそれを変更することは難しい</u>でしょう。

(3) 定められた（ 期限 ）と達成すべき（ 目標 ）がある

企業の中で働く以上、一定の期待されるパフォーマンスを、いつまでに出してほしいという目標があります。ですから、組織内で良好な人間関係を維持しながら、期限内に目標を達成できるよう支援することが必要です。

これまで、リードマネジャーとしてビジネスの分野に選択理論を適用する際に、どのようなことに気をつけてきましたか。具体的なメンバーへの関わり方とあわせて書き出してみましょう。

例：話を聞いていくと、「ほかの人の報酬が多いことが許せない」という声をもらうことがある。

報酬の話が出た際は「会社のルールであり、私の一存で変えることができるものではありません。この話し合いでは、私たちにできることが何かに焦点をあてて考えるのはどうでしょうか」と提案するようにしている。

☐ 欲求充足を念頭におく

自分が悩みを抱えている場合でも、誰かの相談に乗る場合でも、私たちにできるのは、「自分あるいはその人にとって効果的に欲求を満たす選択をすること」だけです。会社や組織にどうしてもなじめない、あらゆる手を尽くしても欲求充足されないという場合には、その組織を離れるという選択肢もあります。長期的に見て良かったと思える選択肢を見つけることを念頭に考え、支援できるとよいでしょう。

リードマネジャーへの
移行プロセスにおける
「自己評価を促す」ことの難しさ

　自己評価とは、今していることが求めているものを手に入れるのに効果的かどうかを振り返ることです。では、メンバーが自己評価することを支援するために、マネジャーはどのように関わることが効果的と言えるでしょうか。

　一つのアイディアとして、メンバー自身が求めているものを確認すること。そのうえで、「今の行動を継続した先に、本当に求めているものが手に入りますか?」といった問いを投げかけることがあります。しかし、同時にこの問いは、少し間違えるとメンバーに「他者評価を突きつける」ことにもなりかねません。

　たとえば、マネジャー自身が「メンバーに今していることが間違っていると認めさせたい」という思いをもって「今していることは効果的ですか?」と問いかけたとします。これはまさに、相手を変えるために選択理論の言葉を使うということに該当します。メンバーはマネジャーから「効果的ではないと認めなさい」というメッセージを受け取るかもしれません。

　あるいはマネジャー自身が「リーダーになりたいと本当に思っているのであれば、今している行動を変えさせなければいけない」という思いをもって「今の行動を続けて、本当にリーダーになれますか?」と問いかけたとします。そのときメンバーが受け取るのは「あなたはリーダーにはなれない」というマネジャーからの評価かもしれません。

　もちろん、ビジネスである以上、一定の基準や指標があり、マネジャーはそれを伝える必要があります。しかし、自己評価を促すとは、マネジャーにとっては、メンバー自身がどう振り返っているのかを受け止めることなのです。メンバーの言葉を傾聴するなかで、そもそも目指すものがあいまいだったと気づくかもしれません。仕事の基準についてもう一度すり合わせる必要に気づくかもしれません。マネジャーの「正しさ」を突きつけるために、「自己評価」があるのではないのです。

　「相手を変えることはできない」ということを本当に理解し、マネジメントスタイルを選択理論にすること。ぜひ、真のリードマネジャーを目指していただきたいと思います。

参考 Both-win（双方勝利）マネジメント

　ここまで、リードマネジメントについて体系的に学んできました。ビジネスの現場に選択理論を適用するには、より具体的に実践するための手法も欠かせません。ここでは参考に、Both-win（双方勝利）マネジメントのアイディアをご紹介します。

　Both-win（双方勝利）マネジメントとは、組織のなかで敗者をつくらず、上司と部下がともに勝利するためのマネジメントです。

　なお、本書ではそれぞれの項目の紹介に留めています。具体的なポイントについてはビジネス選択理論能力検定2級・準1級公式テキストを参考に学びを深めてください。

①「双方勝利の交渉法」11のチェックリスト

　一つ目に紹介するのは、「双方勝利の交渉法」11のチェックリストです。このチェックリストをもとに、自らのマネジメントについて自己評価を行ってみましょう。

赤シートを
使おう

☐（　いつまでにやるか　）を決める

☐（　何をやるか　）を決める（仕事の進め方を詳細に検討する）

☐（　誰がするか　）を決める（適材適所）

☐ 適切な（　道具　）を使う

☐（　定期的　）な確認をする

☐（　優先順位　）をつける

☐ 働く（　動機　）を確認する

☐（　変更　）のタイミング（どれくらい、どの時期に）

☐（　長期的　）な方法と方針でのぞむ

☐ 仕事の（　習得　）を加速させる

☐ 組織間の（　結びつき　）を強める

　11のチェックリストを実行することで、どのような変化や成果をつくりだしましたか。
　あなたの経験を書き出してみましょう。

②部下と話し合う上での16の戦術

上司は必ず部下と話し合う場面に直面します。

以下に、部下と話し合う上での16の戦術を紹介します。なお、これらは部下を操るためのものではありません。

1. （　譲歩　）
2. （　話す場所　）を選ぶ
3. （　時間　）を選ぶ
4. （　事実　）を裏付け、よく説明する
5. （　忍耐　）する（焦って決めない）
6. （　急がず　）、ゆっくり（漸進主義）
7. 4人の仲間理論(（　過去　）、（　現在　）、（　近い将来　）、（　遠い将来　）においても欲求が満たされているかを考える）
8. （　受け入れ期間　）をとる
9. （　話す内容　）を決める
10. 部下に求めるものを（　紙に書く　）
11. 膠着状態を（　打開する術　）を知る
12. 明確な（　約束　）をする
13. 同意できなくとも、実行可能な（　譲歩の術　）を知る
14. （　メモ　）を取る
15. 話を（　聞く　）
16. （　これしかない　）、と告げる

16の戦術を実行することで、どのような変化や成果をつくりだしましたか。具体例を書き出してみましょう。

③人間関係に相容れない10の戦術

　多くのマネジャーは部下と話し合う上での16の戦術ではなく、双方にとってよくない戦術をとってしまうことがあります。代表的な、人間関係に相容れない10の戦術を学び、現場でこの戦術をとらないように注意しましょう。

---

1. 「（　嫌ならやめろ　）」と言う
2. 「（　もっとやれるはずだ　）」とだけ言う
3. （　膠着状態　）を続ける
4. 高すぎる（　要求　）を突きつける
5. （　誇大戦術　）を使う
6. （　驚かす　）
7. （　聞く気　）がないのに聞く
8. 自分より上の人間を（　悪者　）に仕立てる
9. （　見下す　）
10. 不愉快な（　比較　）をする

　10の戦術は、なぜ人間関係に相容れないのでしょうか。
　あなた自身や身近な人の経験を振り返ってみましょう。

④上司に影響を及ぼす10の方法

　自分が上司ではなく部下であった場合でも、上司と部下の双方勝利を目指すことができます。
以下に、上司に影響を及ぼす10の方法を紹介します。

赤シートを使おう

1.　（　計画立案　）に参加する
2.　（　献身　）と（　忠誠　）を示す
3.　有能さ、着実さ、（　信頼　）を身につける
4.　（　知識　）を豊富に身につける
5.　（　自己訓練　）と（　自制　）を身につけている
6.　良い（　見本　）となる
7.　（　成長　）し続ける
8.　（　協調　）する
9.　（　専念　）する
10. 仕事の手続きの（　策定　）や（　変更　）に関わる

10の方法を実行することで、どのような変化や成果をつくりだしましたか。
具体例を書き出してみましょう。

⑤部下とともに成功する17の基準

　部下とともに成功をするには、普段の在り方が重要です。なぜならば、部下は上司との面談の時間だけではなく、普段の上司の在り方を見ているからです。以下に、部下とともに成功する17の基準を紹介します。

赤シートを
使おう

---

1. （　過去　）の（　失敗　）に触れない
2. （　批判　）しない
3. 実を把握し、現在の行動が明らかになったなら、部下自身に自分の行動が有益かどうか（　評価　）させる
4. （　感情論　）に巻き込まれ、「どう感じたか」の議論にはまり込まない
5. 部下と（　双方勝利の計画　）を取り決める
6. 計画が全て（　具体的　）であることを確認する
7. 改善策を実行する（　強い決意　）と（　約束　）を取り付ける
8. （　承認　）を与えるべきときに与える
9. （　言い訳　）を聞き入れない
10. 決して相手を傷つけたりおとしめたりせず、（　処罰的　）にならないようにする
11. （　成功体験　）を積ませる
12. 将来への（　希望　）を与える
13. 敵意に対して（　敵意　）で反応しない
14. 良い人間関係を築くには（　長い時間　）がかかることを覚悟する
15. 簡単に（　あきらめない　）
16. 仕事をする上で、（　よい方法　）は必ずあると信じる
17. 人には自分が思っている以上の（　影響力　）と力がある。リーダーのように考え、行動する

✏️

　17の基準を実行することで、どのような変化や成果をつくりだしましたか。
　あなたの経験を書き出してみましょう。

部下の弾み車を回す

　私たちは大小問わず成功や達成を経験すると、自信がつき、挑戦や成果に向けて行動をすることを上質世界に入れます。弾み車が徐々に加速するように、主体的に行動していくので、逆に失敗が続くとブレーキがかかります。これを、弾み車の概念と呼びます。

　部下をマネジメントする際は、いかに部下に成功体験を積ませ「勝ち癖」をつけるかが大切です。弾み車の勢いがついている部下には、どんどんチャレンジできる目標を立ててもらいましょう。

　逆に、弾み車の勢いを失っている部下には、過去に達成したことのある内容や取り組みやすい目標を設定し、小さな成功体験を積ませることを意識しましょう。

部下の弾み車を回す支援をした経験について書き出してみましょう。

どのようなメンバーに対して、どのような関わりを行い、どのような変化がありましたか。

第 **3** 章

リードマネジメント

基本問題 (2級レベル)

1

以下の文章を読み、次の問いに答えなさい。

グラッサー博士は、リードマネジメントにおける基礎的な考えとして、以下の3つを提示している。

1　（　①　）を追求する
2　（　②　）でなく（　③　）をうながす
3　（　④　）をしない
　　職場から恐れをなくす

問1　空欄（　①　）～（　④　）にあてはまる内容を答えなさい。

問2　空欄（　①　）とありますが、以下は（　①　）の条件と呼ばれるものです。空欄（　ア　）～（　エ　）にあてはまる言葉を答えなさい。

・　そのとき（　ア　）のもの
・　いつでも（　イ　）できるもの
・　役立つもの
・　（　ウ　）の良いもの
　　（しかし、（　エ　）でないもの）

解答欄

▼ 正解した問題に ✔ をつけましょう

問1

☐　①　＿＿＿＿＿＿＿＿＿＿

☐　②　＿＿＿＿＿＿＿＿＿＿

☐　③　＿＿＿＿＿＿＿＿＿＿

☐　④　＿＿＿＿＿＿＿＿＿＿

問2

☐　ア　＿＿＿＿＿＿＿＿＿＿

☐　イ　＿＿＿＿＿＿＿＿＿＿

☐　ウ　＿＿＿＿＿＿＿＿＿＿

☐　エ　＿＿＿＿＿＿＿＿＿＿

正答数

問／**8**問

▶ 解答は93ページにあります

問3　リードマネジメントにおいて、部下に
　　（　③　）をうながす際の2つのポイ
　　ントを答えなさい。

2

以下の文章を読み、次の問いに答えなさい。

選択理論では、リードマネジメントの8要素
として以下のように提示している。

1.（　①　）な人間関係をつくり上げる
2.（　②　）を話し合う
3. 部下に自分の仕事を（　③　）してもらう
4.（　④　）を取り決める
5. しっかりした（　⑤　）を取り付ける
6.（　⑥　）を受け入れず、仕事の話を進
　 める
7.（　⑦　）したり、批判したりせず、
　 （　⑧　）を自覚させる
8. 簡単に部下のことを（　⑨　）

問　空欄（　①　）〜（　⑨　）にあてはま
　　る内容を答えなさい。

☐ ＿＿＿＿＿＿＿＿＿＿

　 ＿＿＿＿＿＿＿＿＿＿

　 ＿＿＿＿＿＿＿＿＿＿

☐ ＿＿＿＿＿＿＿＿＿＿

　 ＿＿＿＿＿＿＿＿＿＿

☐ ①＿＿＿＿＿＿＿＿＿

☐ ②＿＿＿＿＿＿＿＿＿

☐ ③＿＿＿＿＿＿＿＿＿

☐ ④＿＿＿＿＿＿＿＿＿

☐ ⑤＿＿＿＿＿＿＿＿＿

☐ ⑥＿＿＿＿＿＿＿＿＿

☐ ⑦＿＿＿＿＿＿＿＿＿

☐ ⑧＿＿＿＿＿＿＿＿＿

☐ ⑨＿＿＿＿＿＿＿＿＿

正答数
問／**11**問

▶ 解答は93ページにあります

3

部下と話し合いをするうえで、部下が過去の感情について話したいときには、リードマネジメントではどうするとよいか。2つ答えなさい。

4

部下と事実を話し合うための2つの規則を答えなさい。

解答欄

▼ 正解した問題に✔をつけましょう

☐ _____

_____

_____

☐ _____

_____

_____

☐ _____

_____

_____

☐ _____

_____

_____

正答数	
	問／**4**問

▶ 解答は94ページにあります

5

次の文章を読み、空欄①〜⑧にあてはまる言葉を答えなさい。

1. リーダーは、仕事の（ ① ）と（ ② ）について部下に話し合ってもらい、その意見を取り入れる。部下の技術と欲求が適材適所であるか常に確かめる。

2. リーダーは仕事の（ ③ ）を示し、期待する（ ① ）を部下に正確に理解してもらう。そしてどうしたらもっとよくできるか、たえず部下の（ ④ ）を求める。

3. 部下自身に自分の（ ⑤ ）を確認し、（ ⑥ ）してもらう。部下はリーダーが自分たちの知識を信頼し、言うことに耳を傾けてくれると確認している。

4. リーダーは（ ⑦ ）である。部下に仕事のための最高の道具と職場を与え、（ ⑧ ）のない雰囲気を提供するために、可能なことをすべて実行していることを示す。

解答欄

▼ 正解した問題に ✔ をつけましょう

- ☐ ① _____
- ☐ ② _____
- ☐ ③ _____
- ☐ ④ _____
- ☐ ⑤ _____
- ☐ ⑥ _____
- ☐ ⑦ _____
- ☐ ⑧ _____

正答数

問／ **8** 問

6

次の文章を読み、空欄①〜⑦にあてはまる
言葉を答えなさい。

(1) カウンセラーは通常（　①　）であるが、
ビジネスの現場では、同僚というすでに
知っている間柄であったり、上司・部下
という（　②　）の違いがあるために、
（　③　）を共にしたり、異にする場合
がある

(2) 会社は会社の（　④　）が仔存しており、
簡単には変えられ（　⑤　）ことが多い

(3) 定められた（　⑥　）と達成すべき
（　⑦　）がある

解答欄

▼ 正解した問題に✔をつけましょう

☐ ①　＿＿＿＿＿＿＿＿＿＿＿

☐ ②　＿＿＿＿＿＿＿＿＿＿＿

☐ ③　＿＿＿＿＿＿＿＿＿＿＿

☐ ④　＿＿＿＿＿＿＿＿＿＿＿

☐ ⑤　＿＿＿＿＿＿＿＿＿＿＿

☐ ⑥　＿＿＿＿＿＿＿＿＿＿＿

☐ ⑦　＿＿＿＿＿＿＿＿＿＿＿

正答数

問／**7**問

▶ 解答は94ページにあります

1

以下の文章を読み、次の問いに答えなさい。

Rさんは人事部の2年目の社員です。本日、D部長と面談する予定だった学生が、時間になっても応接室に現れませんでした。確認すると、Rさんが学生に対してオンライン面談と伝えており、学生はオンライン上で待機していました。RさんはいそいでD部長に報告し、その場でオンライン面談を行ってもらい、なんとか事なきを得ました。その後、D部長に呼び出されました。

D部長：⑴ <u>なぜ、こんなミスをしたんだ？</u>

Rさん：本当に、申し訳ございませんでした。

D部長：もう、その言葉は何度も聞いたよ。前日に確認していれば分かったことじゃないか。もしかして確認すらしていなかったのか？

Rさん：はい。申し訳ございません……。昨日は提出しなければならない資料の作成に追われていて、業務可能時間のギリギリまで仕事をしておりまして……。本日のスケジュールの確認ができないまま、帰宅してしまいました。

D部長：だとしても、今日の朝確認すればよかった話だろう？それに昨日の提出資料だって、2週間前から言われていたものじゃないか。どうしていつまでたっても事前に対応することを学ばないんだ。

Rさん：すみません。

D部長：Rさんももう2年目の社員だよね。そろそろ初歩的なミスをしないよう、事前対応ができるようになってほしいんだけどな。Rさんの同期で、こんなミスしている人はもういないだろう。明日、どうやったらミスなく余裕を持った仕事ができるか ⑵ <u>改善計画を提出</u>してくれ。

Rさん：かしこまりました。

問1 下線部⑴とあるが、リードマネジメントでは、「なぜ」と質問することは、効果的ではないと言われている。その理由を説明しなさい。また、どのように質問するとよいかについても答えなさい。

☐ ◀ 解答例を読み、ポイントを理解できたら、チェックボックスに✔をつけましょう

▶ 解答は95ページにあります

問2 下線部⑵とあるが、選択理論では改善計画は一方的に決めず、部下に計画づくりに参加してもらうことが重要だと言われている。その理由について、部下の欲求という観点から答えなさい。

☐ ◀ 解答例を読み、ポイントを理解できたら、チェックボックスに✔をつけましょう

▶ 解答は95ページにあります

問3 あなたがD部長だとしたら、Rさんに対して、どのように関わりますか。会話
　　形式で答えなさい。また、リードマネジメントの基礎的な考え方に基づいて、
　　なぜその関わり方が効果的なのか説明しなさい。

□ ◀ 解答のポイントをおさえることができたら、チェックボックスに✔をつけましょう

▶ 解答は96〜97ページにあります

2

問1 なぜ、他者評価ではなく、自己評価をうながすことが重要なのか。自己評価をうながす際に考慮すべき点とともに答えなさい。

☐ ◀解答例を読み、ポイントを理解できたら、チェックボックスに✔をつけましょう

▶ 解答は98ページにあります

問2 マネジメントにおいて、改善計画の基本原則を活用し、部下の弾み車を加速させた経験について、具体的に述べなさい。

☐ ◀解答例を読み、ポイントを理解できたら、チェックボックスに✔をつけましょう

▶ 解答は98ページにあります

1

以下の文章を読み、次の問いに答えなさい。

Sさんは、4名のメンバーを率いる管理部の課長です。

管理部の仕事は、総務・労務・人事業務など多岐にわたりますが、どの仕事も期日内に正確な仕事をすることが求められます。Tさんは、S課長の上司で、管理部の部長を務めています。UさんとWさんは、S課長のメンバーです。

今日は、半年に一度のT部長と管理部のメンバーとの面談の日です。

以下は、T部長がS課長・Uさん・Wさんそれぞれと面談をしている様子です。

（T部長とS課長の面談）

T部長：最近、朝から晩までS課長が働き詰めだと聞いたよ。

　　　　今、そんなに忙しいのか？

S課長：ご心配をおかけし、申し訳ありません。

　　　　特段、繁忙期というわけではないのですが、総務担当のUさんのミスが多くて。

　　　　その対応をしていたら、時間がなくなっているという状況です。

　　　　ただ、新人に失敗はつきものですし、経験を積んでもらうことが成長につながると思います。

　　　　Uさんの成長を考えれば、これくらいは仕方ないと思います。

（T部長とUさんの面談）

T部長：最近、仕事はどう？

Uさん：そうですね……ミスばかりで、申し訳ない気持ちでいっぱいです。

T部長：S課長とはうまくやれてる？

Uさん：はい、いつも優しく接してくださって、感謝しています。

　　　ただ……S課長は、いつも

　　　「Uさんはどう思うの？Uさんの思ったとおりにやってごらん」と言って

　　　任せてくださるのですが、失敗の連続で、もう自信がなくなりました。

　　　もっと「こうした方がいいよ」って具体的に指示してほしいです。

　　　正直、このままで本当に成長できるんだろうかと不安です。

（T部長とWさんの面談）

T部長：最近、活躍しているみたいだね。

　　　営業部の部長も、Wさんの仕事は正確でスピーディーだと褒めていたよ。

Wさん：ありがとうございます。嬉しいです。

T部長：仕事は絶好調だと思うのだけれど、何か私にできることはあるかい？

Wさん：そうですね。

　　　ちょっと、S課長はUさんに甘すぎると思います。

　　　Uさんは、よくミスをするのですが、先月もあるお祝いのお花の発注が

　　　漏れていました。急ぎだったので管理部総出で対応をして事なきを得ま

　　　したが、私たちは他の業務もあるのに、半日つぶされて……。

　　　それなのに、S課長はUさんに

　　　「そういうこともある。次、頑張ろう。

　　　振り返りはした？なるほど、じゃあそのとおりにやってみて。

　　　Uさんならできるよ」くらいしか言わないんです。

　　　しかも、Uさんは振り返りをしたって言ってますが、正直、まったく改

　　　善されません。

　　　ビジネススキルをつけてもらったり、仕事のやり方を教えたりせずにミ

　　　スを改善できるわけがないのに。

　　　おかしいと思いません？

問1 S課長のUさんへの関わり方は、リードマネジメントの考え方に基づいたとき、効果的だと言えるか。効果的かどうかについてのあなたの考えと、その理由を答えなさい。

☐ ◀ 解答例を読み、ポイントを理解できたら、チェックボックスに✔をつけましょう

▶ 解答は99～100ページにあります

問2　あなたがT部長だったとしたら、リードマネジメントの考え方に基づいて、このあとS課長やUさん、Wさんにどのように関わるか具体的に述べなさい。なお、答えるにあたって、情報が不足している部分については、推測したり、条件をつけ加えたりしても構わない。

□ ◀ 解答例を読み、ポイントを理解できたら、チェックボックスに✔をつけましょう

▶ 解答は101～103ページにあります

2

以下の文章を読み、次の問いに答えなさい。

> Xさんは、広告代理店で入社4年目の最年少リーダーです。
> Yさんは、Xさんのメンバーで、入社2年目の社員です。
> Zさんは、Xさんの上司でマネジャーを務めています。
>
> 以下は、XリーダーとYさんの会話です。
> Xリーダー：そういえば、S社に提案する資料、できた？
> Yさん　　：えっと……。すみません、まだです。
> Xリーダー：えー。おっそ。
> 　　　　　　あんなの、すぐできるでしょ。
> Yさん　　：すみません……
> Xリーダー：もういいよ、こんな仕事もすぐできないなら俺やっとくし。
> 　　　　　　その代わり、この見積もり資料間違いだらけだったから、やり直し
> 　　　　　　てくれる？
> Yさん　　：あ、はい。
> Xリーダー：もう2年目でしょ？
> 　　　　　　見積もりくらい、正確にやってよね。
> 　　　　　　こんなんだったら、すぐ後輩に抜かれちゃうよ。
> Yさん　　：すみません。
> Xリーダー：よろしく。
>
>
>
> このやり取りを見た事務員の女性から、Zマネジャーにメールが届きました。
>
> ．．
>
> Zマネジャー
>
> お疲れ様です。
> 少し、Xリーダーについて、気になることがありましたので、ご連絡いたしました。
> 今日、2年目のYさんに対して「こんな仕事もすぐできないなら俺やっとくし」
> 「見積もりくらい正確にしないと、後輩に抜かれるよ」といった発言をされてい
> ました。
> Yさんは、まじめな性格なので、その後も落ち込んでいるように見えました。

確かに、Xリーダーは最年少でリーダーに昇格されただけあり、
パフォーマンスも高く、最も売上を上げている方の一人だと思います。
ただ、オフィスでの発言や態度が非常に悪いです。

たとえば、私たち事務の後輩に対しても、
「あー。こんな楽な仕事でいいね」と、仕事内容を見下すようなことを言ったり
営業所のメンバー全員で決めたオフィス整理の日に、遅れてきたり。
そのときは、「ごめんごめん、寝坊しちゃった。でも普段、みんなの分稼いでる
から許して」と言って笑っていました。

Xリーダーは、「この成績のままいけば、最年少でマネジャー就任、間違いなし
だな」と、言っていたのですが、あんな人がマネジャーになるなんて耐えられま
せん。

Zマネジャーから、一度厳しく言っていただけませんか。

- -

その日、Zマネジャーは、
Yさんが食堂で同期のCさんと会話をしているのを偶然聞きました。

Yさん：もう、Xリーダーとなんか働きたくないよ。
Cさん：そうなの？最初はあんなにお客様から感謝されて、売上も1位の人と一緒
　　　　に働けて嬉しい。
　　　　Xリーダーみたいに最年少リーダーを目指す、って意気込んでたじゃん。
Yさん：うん。でも、あの人と僕は違うんだ。あんなに才能ないし。
　　　　僕だって、少しでも追いつきたいと思って努力した。
　　　　成績だって、同期のなかでは一番さ。
　　　　それなのに、お前は全然ダメだって、毎日言われるんだ。
　　　　1年耐えたけど、もう限界だよ。

あなたがZマネジャーだったとしたら、このあとXリーダーにどのように関わるか。具体的に述べなさい。また、その行動を選んだ理由についても説明しなさい。なお、答えるにあたって、情報が不足している部分については、推測したり、条件をつけ加えたりしても構わない。

□ ◀ 解答例を読み、ポイントを理解できたら、チェックボックスに✔をつけましょう

.

▶ 解答は104〜105ページにあります

第**3**章

リードマネジメント

解答

（ 基本問題　解答 ）

1 **問1**

👉 59ページ参照

① クオリティ（上質）

② 他者評価

③ 自己評価

④ 強制

問2

👉 59ページ参照

ア 最善

イ 改善

ウ 気分

エ 破壊的

問3

👉 64ページ参照

・ 問い詰めるような言い方にならないよう、穏やかに聞く

・ していること、つまり行為に焦点をあてて尋ねる

2 ① 支援的

👉 62ページ参照

② 事実

③ 評価

④ 改善計画

⑤ 決意

⑥ 言い訳

⑦ 罰

⑧ 責任

⑨ あきらめない

3	・ごく短時間だけ話を聞く	64ページ参照
	・言うことを否定せずに傾聴する	

4	・過去の問題に触れない	64ページ参照
	・感情に焦点をあてない	

5	① 成果の基準	60～61ページ参照
	② 必要な時間	
	③ 手本	
	④ 意見	
	⑤ 仕事の質	
	⑥ 評価	
	⑦ 促進者	
	⑧ 強制	

6	① 第三者	68ページ参照
	② 立場	
	③ 利害	
	④ ルール	
	⑤ ない	
	⑥ 期限	
	⑦ 目標	

応用問題　解答

1

設問 ☞ 83ページ

> 問1　下線部 (1)とあるが、リードマネジメントでは、「なぜ」と質問することは、効果的ではないと言われている。その理由を説明しなさい。また、どのように質問するとよいかについても答えなさい。

解答例

「なぜ」と質問すると、部下に対して言い訳の機会を与えることになりやすい。

重要なことは、起きた問題に対して、何を改善するかを考え、実行することである。

代わりに、「いつ」「何を行うか」などといった、具体的な改善策を考えてもらう質問をする方が効果的である。

※解答例は、あくまでも模範解答の一つです。この答えだけが正解ということではありません

解答のポイント　次の2点をおさえることができた文章かも、確認してみましょう。

☑ 「なぜ」という質問が、部下から言い訳を引き出しやすいことが説明されている

☑ 効果的な質問例として、具体的な改善策を引き出す質問が書かれている

設問 ☞ 83ページ

> 問2　下線部 (2)とあるが、選択理論では改善計画は一方的に決めず、部下に計画づくりに参加してもらうことが重要だと言われている。その理由について、部下の欲求という観点から答えなさい。

解答例

改善計画を部下と一緒に立てることで、部下の所属の欲求と力の欲求が満たされやすくなる。欲求が満たされ、自分がつくった実感を得られる計画であれば、部下の達成に対する意欲もわいてくるため。

※解答例は、あくまでも模範解答の一つです。この答えだけが正解ということではありません

解答のポイント　次の2点をおさえることができた文章かも、確認してみましょう。

☑ 改善計画を部下と一緒に立てることで、満たされやすい欲求が書かれている

☑ 欲求を満たすことが、達成への内発的動機づけにつながることが示唆されている

問3　あなたがD部長だとしたら、Rさんに対して、どのように関わりますか。会話形式で答えなさい。また、リードマネジメントの基礎的な考え方に基づいて、なぜその関わり方が効果的なのか説明しなさい。

問題の解き方　グラッサー博士が提示した、リードマネジメントの基礎的な考え方にもとづいた関わり方とは、以下の３つです。この３つを意識したとき、どのような関わり方が効果的かを考えて記載します。

①　クオリティ（上質）を追求する
②　他者評価でなく自己評価をうながす
③　強制をしない
　　職場から恐れをなくす

解答例

D部長：Rさん、いつもありがとう。今日起きたことについて、一緒に改善計画を考えたいんだけど、いいかな。
Rさん：はい、ありがとうございます。
D部長：何があったのか、事実を教えてもらえますか？
Rさん：いつもだったら前日に確認をしているのですが、昨日は提出しなければいけない資料の作成に追われ、確認が漏れていました。

← 日頃の感謝を伝える
今日話し合いたい内容を先に伝え安心感をつくりだす

D部長：なるほど。資料を期限内に提出することは大切だね。だけど、オンラインで待っていたとき、学生さんはどんなことを感じていたと思う？
Rさん：あれって思ったと思います。不安だったのではないかなと。
D部長：そうだね。学生さんからいつもどんな会社として見られたい？
Rさん：この会社は信頼できるなと思われたいです。

← 上質な仕事とは何かについて一緒に考える

D部長：うん。安心感を覚えてほしいし、人事は会社の顔なので、Rさんにもぜひそうであってほしいと思います。昨日のような仕事が続くとどうなりそう？
Rさん：会社としての信頼がなくなります。

← 自分の仕事の質を振り返ってもらう

D部長：ありがとう。ぜひ改善していこう。同じことが起きないた ← 改善計画を一緒
　　　　めに、どんな改善ができるかな。もし同じように、直前に　　に立てる
　　　　忙しくなってしまったとしても、確認が漏れないように仕
　　　　事をするためのアイディアがあったら教えてください。
Rさん：二つあると思います。一つは事前対応を徹底するために、
　　　　タスクの期限を明確にし、余裕をもったプランニングをす
　　　　ること。もう一つは、毎朝スケジュールを確認する時間を
　　　　15分間確保することです。
D部長：いいね。スケジュールはぜひチームで確認するようにしま
　　　　しょう。

効果的な理由
Rさんのミスを批判することなく、一緒にどうしたらクオリティを
追求できるかを考えている。
また、Rさんに期待するクオリティを伝えながら、Rさん自身に自
分の仕事の質について自己評価を促している。

※解答例は、あくまでも模範解答の一つです。この答えだけが正解ということではありません

設問 ☞ 85ページ

問1　なぜ、他者評価ではなく、自己評価をうながすことが重要なのか。自己評価をうながす際に考慮すべき点とともに答えなさい。

（ 解答例 ）

　他者評価では、上司が持っている評価基準を部下が分からないことが多く、評価に対する納得性が生まれにくい。そのため、部下は評価に対する不満を募らせてしまう。　← 他者評価が効果的ではない理由

　一方、自己評価を促す際には、最低限求められる基準については上司から伝えることが重要になる。　← 自己評価を促す際に考慮すべき点

※解答例は、あくまでも模範解答の一つです。この答えだけが正解ということではありません

問2　マネジメントにおいて、改善計画の基本原則を活用し、部下の弾み車を加速させた経験について、具体的に述べなさい。

（ 解答例 ）

「進捗確認の日時を決めること」に取り組んだ。　← 改善計画の基本原則のうち、取り組んだもの

　営業部に、目標が達成できていない部下がいた。そこで、毎週月曜日に30分の時間をおさえ、1週間の時間の使い方と1か月の目標達成の進捗をともに振り返り、次の1週間の過ごし方について話し合った。結果、だんだんと目標が達成できるようになり、3か月後に1か月の目標達成ができるようになった。　← 部下の弾み車を加速させた具体例

※解答例は、あくまでも模範解答の一つです。この答えだけが正解ということではありません

発展問題　解答

1

設問 👆 86〜88ページ

> 問1　S課長のUさんへの関わり方は、リードマネジメントの考え方に基づいたとき、効果的だと言えるか。効果的かどうかについてのあなたの考えと、その理由を答えなさい。

問題の解き方　この設問で問われているのは、次の2点です。
① S課長の関わりが効果的だと思うかどうかを述べる
② ①の理由を、リードマネジメントの4つの基本的要素や
　 リードマネジメントの8つの要素をもとに説明する

解答例

　S課長のUさんへの関わり方は、人間関係は大切にしているが、総合的には以下の理由から効果的とは言えない。

← ① S課長の関わりは、リードマネジメントに基づいたとき効果的か
② ①の理由を説明

理由①

　リードマネジメントの4つの基本的要素のなかに「リーダーは仕事の手本を示し、期待する成果の基準を部下に正確に理解してもらう」とある。
　「具体的に指示してほしいです」という発言や、現状Uさんの業務改善が進んでいないことから、Uさんは仕事を進めるうえで、知識や経験が不足している可能性が高い。しかし、S課長は「Uさんが思ったとおりにやってみて」と言うだけで、具体的な仕事の基準を伝えていない。

理由①
4つの基本的要素「仕事の手本を示し、Uさんが基準を理解する」から説明

理由②

　また、リードマネジメントの8つの要素には、「改善計画を取り決める」とあるが、Uさんはどうしたらいいか分かっていないことや、S課長の「失敗はつきもので経験すれば成長する」という発言から、明確な改善計画は立っていないように見受けられる。

理由②
8つの要素「改善計画の取り決め」から説明

以上のことから、ミスが改善されていないばかりか、Uさんは自信をなくしてしまっているため、S課長の関わりは効果的ではない。

※解答例は、あくまでも模範解答の一つです。この答えだけが正解ということではありません

（解説）

「リードマネジメントに基づいて効果
的かどうか」を考えるとき、手助けと
なるのは右の図です。成果につながり、
かつ人間関係を重視するマネジメント
がリードマネジメントです。ですから、
この関わり方をとおして、メンバーと
上司の関係が近づいているのか、遠ざ
かっているのか。理想的なパフォーマ

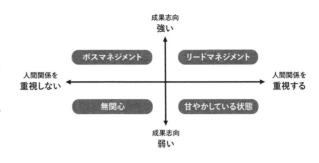

ンスの発揮に向けて、パフォーマンスが上がっているのかどうか。

　メンバーへの質問や「ありがとう」という声かけなど、人間関係を大切にしているように思え
る関わりがあったとしても、成果を出すことにつながっていないとしたら、甘やかしている状態
におちいっている可能性があります。逆に、成果を出すことには直結していたとしても、メンバー
との距離が遠ざかっているような関わりの場合は、ボスマネジメントの可能性があります。

　さらに、次のようなリードマネジメントの要素を参考にすると、より具体的な改善点が見えて
くるでしょう。

〈リードマネジメントの基本原則〉

1)　クオリティ（上質）を追求する　　　　3)　強制をしない
2)　他者評価でなく自己評価をうながす　　　　職場から恐れをなくす

〈リードマネジメントの4つの基本的要素〉

1)　リーダーは、仕事の成果の基準と必要な時間について部下に話し合ってもらい、その
　　意見をとり入れる。部下の技術と欲求が適材適所であるか常に確かめる。
2)　リーダーは仕事の手本を示し、期待する成果の基準を部下に正確に理解してもらう。
　　そしてどうしたらもっとよくできるか、たえず部下の意見を求める。
3)　部下自身に自分の仕事の質を確認し、評価してもらう。部下はリーダーが自分たちの
　　知識を信頼し、言うことに耳を傾けてくれると確認している。
4)　リーダーは促進者である。部下に仕事のための最高の道具と職場を与え、強制のない
　　雰囲気を提供するために、可能なことをすべて実行していることを示す。

〈リードマネジメントの8つの要素〉

・支援的な人間関係をつくり上げる　　　　・しっかりした決意を取り付ける
・事実を話し合う　　　　　　　　　　　　・言い訳を受け入れず、仕事の話を進める
・部下に自分の仕事を評価してもらう　　　・罰したり、批判したりせず、責任を自覚させる
・改善計画を取り決める　　　　　　　　　・簡単に部下のことをあきらめない

> 問2　あなたがT部長だったとしたら、リードマネジメントの考え方に基づいて、このあとS課長
> やUさん、Wさんにどのように関わるか具体的に述べなさい。なお、答えるにあたって、情
> 報が不足している部分については、推測したり、条件をつけ加えたりしても構わない。

↑

問題の解き方　この設問で問われているのは、次の2点です。
① S課長、Uさん、Wさんへの関わり方
② ①の関わり方が、リードマネジメントの4つの基本的要素や、リード
マネジメントの8つの要素に基づいている

(**解答例**)

①S課長に対して

まず、S課長と面談の機会を設け、日頃の感謝を伝える。
Uさんのミスが続いていること、部署の生産性向上のために話し合
いたいと伝える。周りのスタッフから、「Uさんのミスをカバーす
るために業務時間が減っている」という意見があったこと、S課長
の残業時間についても懸念していることを伝える。

　── 支援的な人間関係を築く　話し合いたいテーマと、課題感を共有する

今回、Uさんのミスが発覚後、どのように事実を確認し、フィード
バックをしたのか、S課長のUさんへの関わり方を具体的に聞く。

　── 事実を話し合う

改めて、どのような課長でありたいかや、目指しているもの、理想
の状態を聞く。S課長が「メンバーを育てられる上司」でありたい
と答えたとする。
ぜひ、S課長の願望を応援したいと思っていることを伝える。
メンバーを育てるとは何かについて確認をする。S課長が思う育成
のゴールを聞く。会社として、特に育成ではメンバーのスキルアッ
プと、結果的にチームの生産性向上を期待していると伝える。

　── 理想の状態や願望を聞く　仕事の基準を確認する

「もし、ミスがあった後に『新人に失敗はつきものだから』と失敗
を見守る上司ばかりだとしたら、会社はどうなると思うか」「今の
関わりを続けていった先に、理想の課長像が実現しそうか」を尋ね
る。

　── 自己評価をうながす

Uさんのミスを減らし、成長を見守りながらチームの生産性を高めるためのアイディアについて聞く。
具体的に出てこない場合は、育成のポイントについて伝える。一度、S課長とUさんと3人で面談の機会をつくってもらい、関わり方を見せる。

— 改善計画を取り決める

② Uさんに対して
S課長と一緒に、面談の時間を確保する。具体的な仕事のアイディアや進め方を、S課長やWさんから学べるよう、定期的な時間をとることをアドバイスする。

③ Wさんに対して
生産性高く仕事をしてくれていることに感謝をする。
Wさんの願望を聞き、成長していくことや、昇格していくことが願望にあった場合、視点を変えてUさんの成長を支援してもらえないかを相談する。

— Uさんの業務改善を支援できる体制をつくる

※解答例は、あくまでも模範解答の一つです。この答えだけが正解ということではありません

(解説)

　問1をふまえると、今回の場合、Uさんのパフォーマンスが高まり、組織の生産性が高まる状態をつくるために、部長としてどのような支援ができるかが、考えるポイントとなります。

　そのため、期待される役割のなかに育成や組織の生産性向上があるS課長への関わり方を中心に、S課長の育成力がすぐにのびなかったとしても、Uさんのパフォーマンス向上を支援できる体制をつくることを意図した解答例になっています。

　もちろん、UさんやWさんに重きをおいた関わり方をすることもあるでしょう。あくまでも一つの解答例として参考にしてください。

　なお、今回の解答例では、S課長への関わりを中心にしていますが、特に「部下に仕事の質を評価してもらう」ということに丁寧に取り組んでいます。「部下に仕事の質を評価してもらう」と言うと、つい「できていないことを認めさせる」「問い詰める」ようになりがちです。そうではなく、部下が自分の仕事の質を自分で評価する支援をすることが上司の仕事です。そのためには、仕事のあるべき基準・本人の理想や願望と、現状や今起きている事実を部下自身が認識しなければいけません。

今回の場合だと、次のように考えられるでしょう。

　　　本人の理想：人を育てられる上司
　　　会社の基準：メンバーのスキルアップとチームの生産性向上
　　　現状・起きていること：Uさんのミスが減っていない
　　　　　　　　　　　　　　　S課長の残業が続いている
　　　　　　　　　　　　　　　他のメンバーの業務が圧迫されている

　自己評価とは、「求めているものを手に入れるために、今自分がしていることが効果的なのかどうか」を考えるということです。

　ビジネスにおいては、本人が求めているものを手に入れるために、会社ではどのような基準を超える必要があるのか、何が期待されているのかを把握することが欠かせません。もしこれらの「仕事の基準」があいまいなまま自己評価をうながしたとしても、お互いが理想とするものが違っていた場合、成果には結びつきづらいからです。

　仕事の質を評価してもらうには、「期待する成果の基準を部下に正確に理解してもらう」ことが欠かせないのです。

設問 👉 90〜92ページ

> あなたがZマネジャーだったとしたら、このあとXリーダーにどのように関わるか。具体的に述べなさい。また、その行動を選んだ理由についても説明しなさい。なお、答えるにあたって、情報が不足している部分については、推測したり、条件をつけ加えたりしても構わない。

問題の解き方　この設問で問われているのは、次の2点です。

① Xリーダーへの具体的な関わり方

② ①の行動を選んだ理由を、リードマネジメントの4つの基本的要素・リードマネジメントの8つの要素などをもとに説明する

解答例

もしZマネジャーだとしたら、このあとXリーダーと話し込む。その際、支援的な人間関係を築くこと、仕事の成果の基準を話し合うこと、自己評価を促すことを意識する。

Xリーダーは力の欲求が強いと推測できるため、上司である自分がXリーダーの支援者であると認識され、ほかのメンバーとXリーダーとの関係がこれ以上遠ざからないようにすること、自ら振り返り改善計画を立ててもらうことが効果的だと思うからである。

← Xリーダーへの関わり方の方針

・支援的な人間関係を築く。

　日頃の感謝を伝える、成果を出していることを承認する。

　時間があれば、成果の背景にある努力や意識していることを聞く。

— 支援的な人間関係を築く

・理想のキャリアや、理想のマネジャー像を聞く。

　マネジャーに求められる仕事の基準について話し合う。

　成果は十分に出しているので、人を指導・育成することについてどう考えているのか、どのようなマネジャーになりたいのか、いつごろにマネジャーになりたいと思っているのかを確認する。

　マネジャーに求められるものは、成果だけではなくメンバーからの尊敬や信頼される姿勢や態度でもあると伝える。

— 期待する成果の基準について話し合う

・これらの基準について、現時点でXリーダー自身が
どう思っているかを聞く。
Yさんとの会話の内容や、チームの仕事への姿勢など
メンバーから情報が上がっていることを伝える。
もし、Xリーダーのように、成果は突き抜けているが
組織の仕事に消極的な人ばかりだとしたら組織がどうなるか、
今のようなメンバーとのコミュニケーションを続けていったら
どうなりそうかを問いかける。

── 仕事の質を評価
してもらう

・お客様にどうしたら喜んでもらえるかを追求してきたことを
尊敬していると伝えたうえで、マネジャーとなるには、視座をさ
らに上げてほしいこと、その支援をしたいともう一度伝える。
未来、よきマネジャーとなったXリーダーが、今の自分にアドバ
イスをするとしたら、どんなアドバイスをすると思うかを聞く。
ほかに、どんなことに取り組みたいか、改善のアイディアを聞き
承認をする。
提案できそうなことがあれば、こちらからも提案をして面談を終
える。
その後も、気にかけ続け、定期的に面談の時間をとる。

── 改善計画の立案
協力したいことを
伝える

※解答例は、あくまでも模範解答の一つです。この答えだけが正解ということではありません

解説

　今回の場合、Xリーダーは非常に力の欲求が強い人であることが推測されます。そのため、面談をとおして著しく天秤が傾いた場合、破壊的な行動を選択したり、自分に対して否定的な発言をしている人との距離がさらに遠のいたりする可能性があります。

　実際に今回のようなケースがあった場合、Yさんや他のメンバーからの発言を聞いて、上司側の天秤が大きく傾くことは多いでしょう。しかし、上司側が「間違った関わり方を変えさせよう」「Xリーダーは間違っていることを認識しなければいけない」と、正しさをもってXリーダーと面談をしても、効果的な面談にはなりづらいでしょう。

　リードマネジメントの上司は、プロセスに焦点をあて、事実を直視させますが、メンバーの成長を常に念頭に置くことが求められるのです。

準1級 二次試験について

■ ビジネス選択理論能力検定準1級　二次試験について

準1級では、一次試験（記述式問題）を通過後、二次試験（ロールプレイ）があります。
二次試験では、マネジメントに関するケースを用いて、部下との1対1の面談のロール
プレイを行います。時間は15分間で、受検者が上司役となり面談を進めます。

□ 当日の流れ

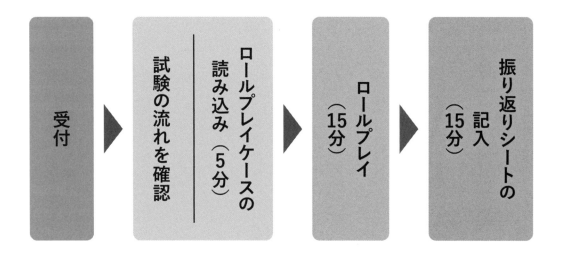

受付終了後、試験の流れを確認し、ロールプレイケースが渡されます。5分間でロール
プレイケースの読み込みをし、試験（15分）がスタートします。その後、振り返りシー
トを記入（15分）し、終了となります。

※ロールプレイ中はメモを取ることも可能です。

☐ 審査項目

二次試験の審査項目は、次の3点です。

①リードマネジャーの基本的態度

　リードマネジャーは、選択理論を用いて成果と人間関係の調和を目指します。

　グラッサー博士はリードマネジメントの基本的な考え方として、クオリティ（上質）を追求する・他者評価でなく自己評価をうながす・強制しない/職場から恐れをなくす、と挙げています。

　メンバーの基本的欲求充足を阻害するのではなく、欲求充足を支援する関わりがリードマネジャーには求められます。

②問題把握力

　リードマネジャーがメンバーと実施する面談のゴールの一つは、成果と人間関係が両立する状態に近づくことであると言えるでしょう。「どうすればより理想的なパフォーマンスを発揮することができるのか」という問いと向き合うことです。

　仕事の基準を示し、現在の状況や事実を話し合い、部下に自分の仕事の質を評価してもらうことをとおして、部下自身が自らの課題を把握できるように関わることが求められます。

③展開力

　具体的で改善につながる見通しがもてる計画をともに立案し、実行への決意を強める関わりが求められます。

> 次のページから、二次試験の例題を掲載しています。
> 例題を参考にしながら、学習を進めてください。

【あなたの部署】

　あなたは、管理部の部長で8名のメンバーを抱えています。管理部では、総務・労務・人事業務などを行っています。

【現在の状況】

　田中さんは、中途で入社した2年目の社員です。前職では営業をしていましたが、入社後は管理部で働いており、主に総務業務を担当してくれています。仕事に対しては非常に前向きで人当たりもよく、人の役に立てる総務の仕事はとても楽しいと言っています。

　一方で、田中さんは非常に楽観的なところがあり、「これくらいなら大丈夫だろう」と考え、上司に報告・相談をせず、仕事を進める傾向があります。また、締切が迫っている業務も「どうにかなるだろう」と考え、期日の直前に仕事が終わることがよくあります。

　先月も新入社員を受け入れるため、什器の準備を担当していましたが、入社の前日になってもまだ机と椅子が揃っていません。田中さんに確認すると、残りの机と椅子が到着するのは、その日の午後であることが発覚しました。その日は、部署のメンバーに残業してもらい、組み立てを手伝ってもらうことでどうにか準備を終えました。

　その際、あなたは田中さんと面談をし、期日までに仕事を終えるための計画を立て、優先順位をつけて業務にあたるよう話しました。田中さんはやってみます！と前向きに話していました。

　しかし、今月に入ってからも田中さんの業務が終わるのは期日の直前ばかりです。しかも、昨日は後輩の斉藤さんに資料作成の業務を2時間手伝ってもらったようです。

　田中さんに確認をすると「この資料であれば1日あれば終わると思って、今週は他の仕事をしていたのですが、今日取り組んでみると予想よりも時間がかかったので、斉藤さんに手伝ってもらいました」と言っていました。

　一部の管理部の社員からは、「田中さんに急に仕事を依頼されることが多い。先輩だから断れないし、いつも仲良くしてくださるので手伝っているけれど、自分の業務が進まなくて困っている」という声があがっています。

実際の試験では、5分間でケースを読み込んだ後、ロールプレイがスタートします。

ここでは、関わり方を考える前に、状況を一度整理してみましょう。

ケースから紐解けないことは、推測で構いません。

・田中さんは、どのような欲求バランスの人でしょうか。また、どのような願望を持っていると思いますか。

・「残業して部署のメンバーで机と椅子を組み立てた」「後輩に資料作成を手伝ってもらった」ということについて、田中さんはどのように知覚していると思いますか。田中さんの価値フィルターや、知識のフィルターといった観点からも考えてみましょう。

・田中さんは現在、どのような全行動を選んでいますか。

・理想的な仕事とはどのような仕事だと思いますか。会社や、上司であるあなたが考える、
　仕事の基準について考えてみましょう。

・ここまで書き出したことをふまえて、あなたは田中さんに、どのような支援をすることが
　効果的だと思いますか。

あなたは、もう一度田中さんと面談をすることにしました。この状況で、あなたは田中さんにどのように関わりますか。

実際には15分間のロールプレイをしますが、ここでは関わり方を書きだしてみましょう。

上司　　　：いつも前向きに仕事に取り組んでくれていて、感謝しています。

田中さん：ありがとうございます。

上司　　　：その後、状況はいかがですか。

田中さん：一度、計画を立ててみたのですが……。やっぱり、計画を立てるよりも、やった方が早いなと思っています。

上司　　　：そうですか。
　　　　　　たとえば、昨日も資料作成を斉藤さんに手伝ってもらっていたと思います。どのような計画を立てていて、どのように仕事を進めていたのかを具体的に教えてもらえますか。

田中さん：はい。
　　　　　　資料作成の業務があることは認識していました。計画を立てるとき、1日あればできるだろうと思ったので、昨日やる予定にしていました。でも、やってみると思ったよりも時間がかかってしまって。それで、夕方くらいに、終わらないかもしれないと思って、斉藤さんに依頼をしました。期日に間に合ってよかったです。

上司　　　：期日に間に合わせるという責任感は、素晴らしいですね。
　　　　　　ただ、ちょっと考えてみていただきたいのですが、もしも夕方に突然、2時間分の仕事が増えたとしたら、どうでしょうか。

田中さん：うーん。大変ですね。でも、斉藤さんにお願いできるかどうかは確認してから依頼をしました。

上司　　　：きちんと確認をすることは大切ですね。一方で、部署のメンバーの中からは、先日の新入社員の机や椅子の準備の件なども含めて、「急な仕事を依頼されると業務が進まず困る」という声もあがっています。

田中さん：そうなんですね。
　　　　　　みんな「いいよ」と嫌な顔をせずにやってくれていたので、ショックです。

上司　　　：部署のみんなも、田中さんのことが大好きなので協力したいという気持ちもあったと思います。一方で、チームでよい仕事をするとはどういうことかについても、ぜひ一緒に考えられたらと思います。

田中さん：はい。

上司　　　：田中さんは総務に来てもう1年でしたか。

田中さん：はい。1年経ちました。

上司　　　：総務の仕事はどうですか。これからさらにどんな仕事をしていきたいとか、どのようなキャリアをつくっていきたいなどはありますか。

田中さん：総務はとても楽しいです。もっと社員さんの役に立つ仕事をしていきたいですが、キャリアはそんなに考えられていないです。

上司　　：社員さんの役に立つ仕事って、どんな仕事でしょうか？

田中さん：うーん……皆さんの生産性が上がるサポートをしたり、つながりを感じるようなイベントを実施したり、そういう仕事がしていけたら楽しそうです。

上司　　：とても素敵ですね。ぜひそういう仕事をしていただけるように、応援したいと思います。

田中さん：ありがとうございます。

上司　　：生産性向上や、イベント実施などの仕事は、どうしたらやれそうですか？

田中さん：あまり考えたことがないので、ちょっとわからないです……。

上司　　：そうですか。私から、総務でそうした生産性向上やイベント実施に関わる仕事をする際にどういう力が求められるかについてお伝えしてもいいですか？

田中さん：はい。知りたいです。

上司　　：計画的に物事を実行していくことです。大きなイベントもそうですし、たとえば生産性向上のためにツールを導入するといったプロジェクトも、進行するにはたくさんの部署の人と連携しながら仕事をすることが求められます。大きな予算も動きます。そのときに、もし、関わる人みんなが、今の田中さんのように直前に「サポートがほしいです」とヘルプを求めるような仕事をしたとしたら、どうなると思いますか？

田中さん：カバーする人が大変ですね。プロジェクトが止まってしまうかもしれません。

上司　　：そうですね。あらかじめ決まっていることを、余裕をもって終わらせるということは、実はすごく大切なことなんですね。
　　　　　今、毎日たくさんの仕事をしてくださっていると思うのですが、今のようにギリギリに皆の力を借りて仕事を進めていくことは、理想の状態に近づくのに効果的だと思いますか？

田中さん：皆さんに迷惑をかけてしまうので、効果的ではないかもしれません。

上司　　：たとえば、想像してほしいのですが、理想の仕事をしている未来の田中さんがいます。後輩が、つい期日ギリギリになって周りにサポートをしてもらう仕事をしているとします。未来の田中さんはその後輩にどんな助言をしてあげますか。

田中さん：そうですね。優先順位を見直すように伝えるかもしれません。
　　　　　期日が近いもの、重要なものから着手するように伝えます。

上司　　　：いいですね、他に何かありますか。

田中さん：あとは、自分一人で計画を立ててもそのとおりにいかないことばかり
　　　　　　なので……。
　　　　　　相談をしてほしいと言うと思います。

上司　　　：大切なことですね。計画を立てて余裕をもって仕事を終える力は、た
　　　　　　くさんの人と一緒によい仕事をするうえでの基本的な力です。田中さ
　　　　　　んは、皆のためにいい仕事をしたいという想いが強い人だと思います。
　　　　　　ぜひチームの皆が気持ち良い仕事の進め方を身につけるトレーニング
　　　　　　を一緒にしていきませんか。

田中さん：はい。
　　　　　　今は、皆のためにしているつもりが、後輩を困らせてしまっているの
　　　　　　で、改善したいと思います。

上司　　　：ぜひ一緒にやっていきましょう。来週の業務計画は立っていますか？

田中さん：まだ立てられていません。この面談が終わったら一度立ててみるので、
　　　　　　確認のお時間をいただけますか？

上司　　　：もちろんです。いつ確認の時間をとれたらよさそうですか？

田中さん：18時にお持ちします。18時以降にお願いできますか？

上司　　　：それでは、18時にもう一度ミーティングをしましょう。よろしくお願
　　　　　　いします。

（ ロールプレイのポイント ）

① リードマネジャーの基本的態度

☐ 選択理論を用いた関わりをし、部下の欲求充足の阻害をしていない

☐「リードマネジメントの4つの基本的要素」「リードマネジメントの8つの要素」をもとにした関わりをしている

② 問題把握力

☐ 田中さん自身が、今の仕事の計画の立て方・優先順位のつけ方を自ら振り返る機会を提供している

③ 展開力

☐ 仕事の計画の立て方・優先順位のつけ方を改善するための計画を一緒に立案している

（ 解説 ）

リードマネジメントの4つの基本的要素の中に「リーダーは仕事の手本を示し、期待する成果の基準を部下に正確に理解してもらう」「部下自身に自分の仕事の質を確認し、評価してもらう」とあります。

つまり、マネジャーが問題を指摘するのではなく、部下自身が自ら仕事の基準を評価し、課題を把握することができる関わりが求められます。

今回の会話例では、後輩が急な依頼に困っているという事実を伝えることや、理想の仕事をしている自分であればどうアドバイスするかを問いかけることなどをとおして、自らの仕事を振り返り、改善計画を立てる支援ができるように関わっています。

112ページから114ページは、あくまでも一つの解答例として記載しています。実際の面談時に、メンバーが自分の想定どおりの答えを返してくれることはありません。だからこそ、メンバーの日々の取り組みを観察したり、質問を投げかけたりしながら、メンバーの欲求バランスや願望、最善の行動として今どのような全行動を選んでいるのかを確認し、上司としてどのような支援ができるのかを考え続け、メンバーと向き合うことが欠かせないのです。

ぜひ、ここまでの学びを活かし、良好な人間関係と成果を両立するリードマネジャーとなってください。

リードマネジャーの基本的態度を
実践するには

　同じ言葉であっても、言い方によっては違うことが伝わる場合もあります。何を言うかだけではなく、どのような雰囲気や、表情、テンポで伝えているかなど、すべての「態度」が相手に何かを伝えているのです。

　「どう思っているの？」という一言も、言い方一つでまったく雰囲気が変わるでしょう。そして、その背景には、部下を支援したいという思いから聞いているのか、部下を変えようとして質問しているのか、リードマネジャーの部下に対するスタンスが表れます。

　リードマネジャーの基本的態度とは、具体的にはどのような立ち居振る舞いやコミュニケーション、部下に対する考え方をもっていることでしょうか。あわせて考えてみてください。

部下の欲求充足を阻害せず、面談を進めるうえで工夫できることを書き出してみましょう

部下が恐れを抱かず、適度な緊張感と安心感のある雰囲気をつくるために工夫できることを書き出してみましょう

参考文献

ウイリアム・グラッサー『人生はセルフ・コントロール』
堀たお子（訳）、サイマル出版会、1985

ウイリアム・グラッサー『グラッサー博士の選択理論』
柿谷正期（訳）、アチーブメント出版、2000

ウイリアム・グラッサー『15人が選んだ幸せの道』
柿谷正期・柿谷寿美江（訳）、アチーブメント出版、2000

ウイリアム・グラッサー
『警告！―あなたの精神を損なうおそれがありますので精神科には注意しましょう―』
柿谷正期・佐藤敬（共訳）、アチーブメント出版、2004

ロバート・ウォボルディング『リアリティ・セラピーの理論と実践』
柿谷正期（訳）、アチーブメント出版、1998

ウイリアム・グラッサー『テイクチャージ 選択理論で人生の舵を取る』
柿谷正期（訳）、アチーブメント出版、2016

アチーブメント株式会社『リードマネジメントプログラムテキスト』2000

一般社団法人 日本ビジネス選択理論能力検定協会
『ビジネス選択理論能力検定3級公式テキスト』、アチーブメント出版、2013

一般社団法人 日本ビジネス選択理論能力検定協会
『ビジネス選択理論能力検定2級・準1級公式テキスト』、アチーブメント出版、2014

一般社団法人 日本ビジネス選択理論能力検定協会
『ビジネス選択理論能力検定3級公式対策本』、アチーブメント出版、2021

ビジネス選択理論能力検定 3級公式テキスト

一般社団法人 日本ビジネス選択理論能力検定協会 著
ISBN978-4-905154-33-4　1,980円（税込）

世界初！選択理論をビジネスの分野で適用する
「ビジネス選択理論能力検定」3級公式テキスト
人間関係とパフォーマンスを両立するメソッドを凝縮

ビジネス選択理論能力検定
3級公式対策本

一般社団法人 日本ビジネス選択理論能力検定協会 著
ISBN978-4-86643-106-2　1,650円（税込）

演習問題・解答・解説や、学びやすい赤シート付き。
職場におけるモチベーション管理・ストレス管理を身につける、
「ビジネス選択理論能力検定」3級の公式対策本！

ビジネス選択理論能力検定
2級・準1級公式テキスト

一般社団法人 日本ビジネス選択理論能力検定協会 著
ISBN978-4-905154-71-6　2,640円（税込）

世界に広がりを見せる「選択理論」に基づく、
マネジメントの理論と実践
「ビジネス選択理論能力検定」2級・準1級公式テキスト

グラッサー博士の選択理論
幸せな人間関係を築くために

ウイリアム・グラッサー 著　柿谷正期 訳
ISBN4-902222-03-6　4,180円（税込）

「すべての感情と行動は自らが選び取っている！」
人間関係のメカニズムを解明し、
上質な人生を築くためのナビゲーター

15人が選んだ幸せの道

ウイリアム・グラッサー 著　柿谷正期・柿谷寿美江 訳
ISBN4-902222-08-6　3,080円（税込）

15人が選び取った新しい人生の物語。
「強迫神経症」「夫の浮気」「落ちこぼれ」
「パニック症候群」「自殺願望」……
よりよい人生を送りたい人に最良の本

ウイリアム・グラッサー
～選択理論への歩み～

Jim Roy 著　柿谷正期 監訳
ISBN978-4-905154-83-9　4,180円（税込）

5年間にわたる本人へのインタビューがついに公式伝記化！
グラッサーの生涯からひもとく
選択理論の起源、進化、発展の物語

テイクチャージ
選択理論で人生の舵を取る

ウイリアム・グラッサー 著　柿谷正期 監訳
ISBN978-4-86643-001-0　3,080円（税込）

グラッサー博士の遺作となった選択理論の入門書
選択理論の心を日常生活に活用すれば
幸せな人生への舵取りができる

クォリティスクール・
ティーチャー

ウイリアム・グラッサー 著　柿谷正期 監訳
ISBN978-4-86643-100-0　1,980円（税込）

1993年、1998年に米国で刊行。
選択理論を教育に取り入れ、教育界に変革をあたえた1冊！
生徒の心をつかみ、教育に変革をもとめる教育者のための実践書

アチーブメントのSNSはこちら

- X(旧ツイッター)
  @achievement33

- フェイスブックページ
  https://www.facebook.com/achievementcorp/

- インスタグラム
  achievement_message

ビジネス選択理論能力検定公式サイト

https://business-ct.net/

ビジネス選択理論能力検定2級・準1級公式対策本

2024年(令和6年)4月6日　第1刷発行
2024年(令和6年)9月24日　第2刷発行

著　者　　一般社団法人 日本ビジネス選択理論能力検定協会
発行者　　青木仁志

発行所　　アチーブメント株式会社
　　　　　〒135-0063　東京都江東区有明3-7-18　有明セントラルタワー19F
　　　　　TEL 03-6858-0311(代)／FAX 03-6858-3781
　　　　　https://achievement.co.jp

発売所　　アチーブメント出版株式会社
　　　　　〒141-0031　東京都品川区西五反田2-19-2　荒久ビル4F
　　　　　TEL 03-5719-5503／FAX 03-5719-5513
　　　　　https://www.achibook.co.jp

装丁・本文デザイン　　亀井文(北路社)
校正　　　　　　　　　株式会社ぷれす
印刷・製本　　　　　　株式会社光邦